D1312974

LES TRIBULATIONS
D'UN CHINOIS
EN CHINE

LES VOYAGES EXTRAORDINAIRES

LES TRIBULATIONS D'UN CHINOIS EN CHINE

PAR

JULES VERNE

DESSINS PAR BENETT

BIBLIOTHÈQUE
D'ÉDUCATION ET DE RÉCRÉATION
J. HETZEL ET Cie, 18, RUE JACOB
PARIS

I

OU LA PERSONNALITÉ ET LA NATIONALITÉ DES PERSONNAGES
SE DÉGAGENT PEU À PEU.

« Il faut pourtant convenir que la vie a du bon !
s'écria l'un des convives, accoudé sur le bras de
son siège à dossier de marbre, en grignotant une
racine de nénuphar au sucre.

— Et du mauvais aussi ! répondit, entre deux

quintes de toux, un autre, que le piquant d'un
délicat aileron de requin avait failli étrangler !

— Soyons philosophes ! dit alors un personnage
plus âgé, dont le nez supportait une énorme paire
de lunettes à larges verres, montées sur tiges de
bois. Aujourd'hui, on risque de s'étrangler, et
demain tout passe comme passent les suaves
gorgées de ce nectar ! C'est la vie, après tout ! »

Et cela dit, cet épicurien, d'humeur accommo-
dante, avala un verre d'un excellent vin tiède, dont
la légère vapeur s'échappait lentement d'une
théière de métal.

« Quant à moi, reprit un quatrième convive,
l'existence me paraît très acceptable, du moment
qu'on ne fait rien et qu'on a le moyen de ne rien
faire !

— Erreur ! riposta le cinquième. Le bonheur
est dans l'étude et le travail. Acquérir la plus
grande somme possible de connaissances, c'est
chercher à se rendre heureux !...

— Et à apprendre que, tout compte fait, on ne
sait rien !

— N'est-ce pas le commencement de la sagesse ?

— Et quelle en est la fin ?

— La sagesse n'a pas de fin ! répondit philosophiquement l'homme aux lunettes. Avoir le
sens commun serait la satisfaction suprême ! »

Ce fut alors que le premier convive s'adressa
directement à l'amphitryon, qui occupait le haut

bout de la table, c'est-à-dire la plus mauvaise place, ainsi que l'exigeaient les lois de la politesse. Indifférent et distrait, celui-ci écoutait sans rien dire toute cette dissertation *inter pocula*.

« Voyons ! Que pense notre hôte de ces divagations après boire ? Trouve-t-il aujourd'hui l'existence bonne ou mauvaise ? Est-il pour ou contre ? »

L'amphitryon croquait nonchalamment quelques pépins de pastèques ; il se contenta, pour toute réponse, d'avancer dédaigneusement les lèvres, en homme qui semble ne prendre intérêt à rien.

« Peuh ! » fit-il.

C'est, par excellence, le mot des indifférents. Il dit tout et ne dit rien. Il est de toutes les langues, et doit figurer dans tous les dictionnaires du globe. C'est une « moue » articulée.

Les cinq convives que traitait cet ennuyé le pressèrent alors d'arguments, chacun en faveur de sa thèse. On voulait avoir son opinion. Il se défendit d'abord de répondre, et finit par affirmer que la vie n'avait ni bon ni mauvais. A son sens, c'était une « invention » assez insignifiante, peu réjouissante en somme !

« Voilà bien notre ami !

— Peut-il parler ainsi, lorsque jamais un pli de rose n'a encore troublé son repos !

— Et quand il est jeune !

— Jeune et bien portant !

— Bien portant et riche!
— Très riche!
— Plus que très riche!
— Trop riche peut-être!»

Ces interpellations s'étaient croisées comme les pétards d'un feu d'artifice, sans même amener un sourire sur l'impassible physionomie de l'amphitryon. Il s'était contenté de hausser légèrement les épaules, en homme qui n'a jamais voulu feuilleter, fût-ce une heure, le livre de sa propre vie, qui n'en a pas même coupé les premières pages!

Et, cependant, cet indifférent comptait trente et un ans au plus, il se portait à merveille, il possédait une grande fortune, son esprit n'était pas sans culture, son intelligence s'élevait au-dessus de la moyenne, il avait enfin tout ce qui manque à tant d'autres pour être un des heureux de ce monde! Pourquoi ne l'était-il pas?

Pourquoi?

La voix grave du philosophe se fit alors entendre, et, parlant comme un coryphée du chœur antique :

« Ami, dit-il, si tu n'es pas heureux ici-bas, c'est que jusqu'ici ton bonheur n'a été que négatif. C'est qu'il en est du bonheur comme de la santé. Pour en bien jouir, il faut en avoir été privé quelquefois. Or, tu n'as jamais été malade... Je veux dire : tu n'as jamais été malheureux! C'est là

« Ami », dit-il. (Page 4.)

ce qui manque à ta vie. Qui peut apprécier le bonheur, si le malheur ne l'a jamais touché, ne fût-ce qu'un instant ! »

Et, sur cette observation empreinte de sagesse, le philosophe, levant son verre plein d'un champagne puisé aux meilleures marques :

« Je souhaite un peu d'ombre au soleil de notre hôte, dit-il, et quelques douleurs à sa vie ! »

Après quoi, il vida son verre tout d'un trait.

L'amphitryon fit un geste d'acquiescement, et retomba dans son apathie habituelle.

Où se tenait cette conversation ? Était-ce dans une salle à manger européenne, à Paris, à Londres, à Vienne, à Pétersbourg ? Ces six convives devisaient-ils dans le salon d'un restaurant de l'Ancien ou du Nouveau Monde ? Quels étaient ces gens qui traitaient ces questions, au milieu d'un repas, sans avoir bu plus que de raison ?

En tout cas, ce n'étaient pas des Français, puisqu'ils ne parlaient pas politique !

Les six convives étaient attablés dans un salon de moyenne grandeur, luxueusement décoré. A travers le lacis des vitres bleues ou orangées se glissaient, à cette heure, les derniers rayons du soleil. Extérieurement à la baie des fenêtres, la brise du soir balançait des guirlandes de fleurs naturelles ou artificielles, et quelques lanternes multicolores mêlaient leurs pâles lueurs aux lumières mourantes du jour. Au-dessus, la crête des baies s'enjolivait d'arabesques découpées, enrichies de sculptures variées, représentant des beautés célestes et terrestres, animaux ou végétaux d'une faune et d'une flore fantaisistes.

Sur les murs du salon, tendus de tapis de soie, miroitaient de larges glaces à double biseau. Au plafond, une « punka », agitant ses ailes de percale peinte. rendait supportable la température ambiante.

La table, c'était un vaste quadrilatère en laque noire. Pas de nappe à sa surface, qui reflétait les nombreuses pièces d'argenterie et de porcelaine comme eût fait une tranche du plus pur cristal. Pas de serviettes, mais de simples carrés de papier, ornés de devises, dont chaque invité avait près de lui une provision suffisante. Autour de la table se dressaient des sièges à dossiers de marbre, bien préférables sous cette latitude aux revers capitonnés de l'ameublement moderne.

Quant au service, il était fait par des jeunes filles, fort avenantes, dont les cheveux noirs s'entremêlaient de lis et de chrysanthèmes, et qui portaient des bracelets d'or ou de jade, coquettement contournés à leurs bras. Souriantes et enjouées, elles servaient ou desservaient d'une main, tandis que, de l'autre, elles agitaient gracieusement un large éventail, qui ravivait les courants d'air déplacés par la punka du plafond.

Le repas n'avait rien laissé à désirer. Qu'imaginer de plus délicat que cette cuisine à la fois propre et savante ? Le Bignon de l'endroit, sachant qu'il s'adressait à des connaisseurs, s'était surpassé dans la confection des cent cinquante plats dont se composait le menu du dîner.

Au début et comme entrée de jeu, figuraient des gâteaux sucrés, du caviar, des sauterelles frites, des fruits secs et des huîtres de Ning-Po. Puis se succédèrent, à courts intervalles, des œufs pochés de cane, de pigeon et de vanneau, des nids d'hirondelle aux œufs brouillés, des fricassées de « ging-seng », des ouïes d'esturgeon en compote, des nerfs de baleine sauce au sucre, des têtards d'eau douce, des jaunes de crabe en ragoût, des gésiers de moineau et des yeux de mouton piqués d'une pointe d'ail, des ravioles au lait de noyaux d'abricots, des matelotes d'holothuries, des pousses de bambou au jus, des salades sucrées de jeunes radicelles, etc. Ananas de Singapore, pralines d'arachides, amandes salées, mangues savoureuses, fruits du « long-yen » à chair blanche, et du « lit-chi » à pulpe pâle, châtaignes d'eau, oranges de Canton confites, formaient le dernier service d'un repas qui durait depuis trois heures, repas largement arrosé de bière, de champagne, de vin de Chao-Chigne, et dont l'inévitable riz, poussé entre les lèvres des convives à l'aide de petits bâtonnets, allait couronner au dessert la savante ordonnance.

Le moment vint enfin où les jeunes servantes apportèrent, non pas de ces bols à la mode européenne, qui contiennent un liquide parfumé, mais des serviettes imbibées d'eau chaude, que chacun des convives se passa sur la figure avec la plus extrême satisfaction.

Ce n'était toutefois qu'un entracte dans le repas, une heure de *far niente*, dont la musique allait remplir les instants.

En effet, une troupe de chanteuses et d'instrumentistes entra dans le salon. Les chanteuses étaient jeunes, jolies, de tenue modeste et décente. Mais quelle musique et quelle méthode! Des miaulements, des gloussements, sans mesure et sans tonalité, s'élevant en notes aiguës jusqu'aux dernières limites de perception du sens auditif! Quant aux instruments, violons dont les cordes s'enchevêtraient dans les fils de l'archet, guitares recouvertes de peaux de serpent, clarinettes criardes, harmonicas ressemblant à de petits pianos portatifs, ils étaient dignes des chants et des chanteuses, qu'ils accompagnaient à grand fracas.

Le chef de ce charivarique orchestre avait remis en entrant le programme de son répertoire. Sur un geste de l'amphitryon, qui lui laissait carte blanche, ses musiciens jouèrent le *Bouquet des dix Fleurs,* morceau très à la mode alors, dont raffolait le beau monde.

Puis, la troupe chantante et exécutante, bien

payée d'avance, se retira, non sans emporter
force bravos, dont elle alla faire encore une
importante récolte dans les salons voisins.

Les six convives quittèrent alors leur siège, mais
uniquement pour passer d'une table à une autre,
— ce qu'ils firent non sans grandes cérémonies et
compliments de toutes sortes.

Sur cette seconde table, chacun trouva une petite
tasse à couvercle, agrémentée du portrait de
Bôdhidharama, le célèbre moine bouddhiste,
debout sur son radeau légendaire. Chacun reçut
aussi une pincée de thé, qu'il mit infuser, sans
sucre, dans l'eau bouillante que contenait sa
tasse, et qu'il but presque aussitôt.

Quel thé! Il n'était pas à craindre que la maison
Gibb-Gibb & Co., qui l'avait fourni, l'eût falsifié
par le mélange malhonnête de feuilles étrangères,
ni qu'il eût déjà subi une première infusion et
ne fût plus bon qu'à balayer les tapis, ni qu'un
préparateur indélicat l'eût teint en jaune avec la
curcumine ou en vert avec le bleu de Prusse!
C'était le thé impérial dans toute sa pureté. C'étaient
ces feuilles précieuses semblables à la fleur elle-
même, ces feuilles de la première récolte du mois
de mars, qui se fait rarement, car l'arbre en meurt,
ces feuilles, enfin, que de jeunes enfants, aux
mains soigneusement gantées, ont seuls le droit de
cueillir!

Un Européen n'aurait pas eu assez d'interjections laudatives pour célébrer cette boisson, que les six convives humaient à petites gorgées, sans s'extasier autrement, — en connaisseurs qui en avaient l'habitude.

C'est que ceux-ci, il faut le dire, n'en étaient plus à apprécier les délicatesses de cet excellent breuvage. Gens de la bonne société, richement vêtus de la « han-chaol », légère chemisette, du « ma-coual », courte tunique, de la « haol », longue robe se boutonnant sur le côté ; ayant aux pieds babouches jaunes et chaussettes piquées, aux jambes pantalons de soie que serrait à la taille une écharpe à glands, sur la poitrine le plastron de soie finement brodé, l'éventail à la ceinture, ces aimables personnages étaient nés au pays même où l'arbre à thé donne une fois l'an sa moisson de feuilles odorantes. Ce repas, dans lequel figuraient des nids d'hirondelle, des holothuries, des nerfs de baleine, des ailerons de requin, ils l'avaient savouré comme il le méritait pour la délicatesse de ses préparations ; mais son menu, qui eût étonné un étranger, n'était pas pour les surprendre.

En tout cas, ce à quoi ne s'attendaient ni les uns ni les autres, ce fut la communication que leur fit l'amphitryon, au moment où ils allaient enfin quitter la table. Pourquoi celui-ci les avait traités, ce jour-là, ils l'apprirent alors.

Les tasses étaient encore pleines. Au moment de vider la sienne pour la dernière fois, l'indifférent, s'accoudant sur la table, les yeux perdus dans le vague, s'exprima en ces termes :

« Mes amis, écoutez-moi sans rire. Le sort en est jeté. Je vais introduire dans mon existence un élément nouveau, qui en dissipera peut-être la monotonie ! Sera-ce un bien, sera-ce un mal ? l'avenir me l'apprendra. Ce dîner, auquel je vous ai conviés, est mon dîner d'adieu à la vie de garçon. Dans quinze jours, je serai marié, et...

— Et tu seras le plus heureux des hommes ! s'écria l'optimiste. Regarde ! Les pronostics sont pour toi ! »

En effet, tandis que les lampes crépitaient en jetant de pâles lueurs, les pies jacassaient sur les arabesques des fenêtres, et les petites feuilles de thé flottaient perpendiculairement dans les tasses. Autant d'heureux présages qui ne pouvaient tromper !

Aussi, tous de féciliter leur hôte, qui reçut ces compliments avec la plus parfaite froideur. Mais, comme il ne nomma pas la personne, destinée au rôle d'« élément nouveau », dont il avait fait choix, aucun n'eut l'indiscrétion de l'interroger à ce sujet.

Cependant, le philosophe n'avait pas mêlé sa voix au concert général des félicitations. Les bras croisés, les yeux à demi clos, un sourire ironique sur les lèvres, il ne semblait pas plus approuver les complimenteurs que le complimenté.

Celui-ci se leva alors, lui mit la main sur l'épaule,

et, d'une voix qui semblait moins calme que d'habitude :

« Suis-je donc trop vieux pour me marier ? lui demanda-t-il.

— Non.

— Trop jeune ?

— Pas davantage.

— Tu trouves que j'ai tort ?

— Peut-être !

— Celle que j'ai choisie, et que tu connais, a tout ce qu'il faut pour me rendre heureux.

— Je le sais.

— Eh bien ?...

— C'est toi qui n'as pas tout ce qu'il faut pour l'être ! S'ennuyer seul dans la vie, c'est mauvais ! S'ennuyer à deux, c'est pire !

— Je ne serai donc jamais heureux ?...

— Non, tant que tu n'auras pas connu le malheur !

— Le malheur ne peut m'atteindre !

— Tant pis, car alors tu es incurable !

— Ah ! ces philosophes ! s'écria le plus jeune des convives. Il ne faut pas les écouter. Ce sont des machines à théories ! Ils en fabriquent de toute sorte ! Pure camelote, qui ne vaut rien à l'user ! Marie-toi, marie-toi, ami ! J'en ferais autant, si je n'avais fait vœu de ne jamais rien faire ! Marie-toi, et, comme disent nos poètes, puissent les deux phénix t'apparaître toujours tendrement unis ! Mes amis, je bois au bonheur de notre hôte !

— Et moi, répondit le philosophe, je bois à la prochaine intervention de quelque divinité protectrice, qui, pour le rendre heureux, le fasse passer par l'épreuve du malheur ! »

Sur ce toast assez bizarre, les convives se levèrent, rapprochèrent leurs poings comme eussent fait des boxeurs au moment de la lutte ; puis, après les avoir successivement baissés et remontés en inclinant la tête, ils prirent congé les uns des autres.

A la description du salon dans lequel ce repas a été donné, au menu exotique qui le composait, à l'habillement des convives, à leur manière de s'exprimer, peut-être aussi à la singularité de leurs théories, le lecteur a deviné qu'il s'agissait de Chinois, non de ces « Célestials » qui semblent avoir été décollés d'un paravent ou être en rupture de potiche, mais de ces modernes habitants du Céleste Empire, déjà « européennisés » par leurs études, leurs voyages, leurs fréquentes communications avec les civilisés de l'Occident.

En effet, c'était dans le salon d'un des bateaux-fleurs de la rivière des Perles à Canton, que le riche Kin-Fo, accompagné de l'inséparable Wang, le philosophe, venait de traiter quatre des meilleurs amis de sa jeunesse, Pao-Shen, un mandarin de quatrième classe à bouton bleu, Yin-Pang, riche négociant en soieries de la rue des Pharmaciens, Tim le viveur endurci et Houal le lettré.

KIN-FO.

Et cela se passait le vingt-septième jour de la quatrième lune, pendant la première de ces cinq veilles, qui se partagent si poétiquement les heures de la nuit chinoise.

II

Si Kin-Fo avait donné ce dîner d'adieu à ses amis de Canton, c'est que c'était dans cette capitale de la province de Kouang-Tong qu'il avait passé une partie de son adolescence. Des nombreux camarades que doit compter un jeune homme riche et généreux, les quatre invités du bateau-fleurs étaient les seuls qui lui restassent à cette époque. Quant aux autres, dispersés aux hasards de la vie, il eût vainement cherché à les réunir.

Kin-Fo habitait alors Shang-Haï, et, pour faire changer d'air à son ennui, il était venu le promener pendant quelques jours à Canton. Mais, ce soir même, il devait prendre le steamer qui fait escale aux points principaux de la côte et revenir tranquillement à son yamen.

Si Wang avait accompagné Kin-Fo, c'est que le

philosophe ne quittait jamais son élève, auquel les leçons ne manquaient pas. A vrai dire, celui-ci n'en tenait aucun compte. Autant de maximes et de sentences perdues ; mais la « machine à théories » — ainsi que l'avait dit ce viveur de Tim — ne se fatiguait pas d'en produire.

Kin-Fo était bien le type de ces Chinois du Nord, dont la race tend à se transformer, et qui né se sont jamais ralliés aux Tartares. On n'eût pas rencontré son pareil dans les provinces du Sud, où les hautes et basses classes se sont plus intimement mélangées avec la race mantchoue. Kin-Fo, ni par son père ni par sa mère, dont les familles, depuis la conquête, se tenaient à l'écart, n'avait une goutte de sang tartare dans les veines. Grand, bien bâti, plutôt blanc que jaune, les sourcils tracés en droite ligne, les yeux disposés suivant l'horizontale et se relevant à peine vers les tempes, le nez droit, la face non aplatie, il eût été remarqué même auprès des plus beaux spécimens des populations de l'Occident.

En effet, si Kin-Fo se montrait Chinois, ce n'était que par son crâne soigneusement rasé, son front et son cou sans un poil, sa magnifique queue, qui, prenant naissance à l'occiput, se déroulait sur son dos comme un serpent de jais. Très soigné de sa personne, il portait une fine moustache, faisant demi-cercle autour de sa lèvre supérieure, et une mouche, qui figuraient exactement au-dessous

le point d'orgue de l'écriture musicale. Ses ongles s'allongeaient de plus d'un centimètre, preuve
qu'il appartenait bien à cette catégorie de gens
fortunés qui peuvent vivre sans rien faire. Peut-être,
aussi, la nonchalance de sa démarche, le hautain
de son attitude, ajoutaient-ils encore à ce « comme
il faut » qui se dégageait de toute sa personne.

D'ailleurs Kin-Fo était né à Péking, avantage
dont les Chinois se montrent très fiers. A qui
l'interrogeait, il pouvait superbement répondre :
« Je suis d'En-Haut ! »

C'était à Péking, en effet, que son père Tchoung-
Héou demeurait au moment de sa naissance, et il
avait six ans lorsque celui-ci vint se fixer définitivement à Shang-Haï.

Ce digne Chinois, d'une excellente famille du
nord de l'Empire, possédait, comme ses compatriotes, de remarquables aptitudes pour le commerce. Pendant les premières années de sa car-
rière, tout ce que produit ce riche territoire si
peuplé, papiers de Swatow, soieries de Sou-
Tchéou, sucres candis de Formose, thés de Han-
kow et de Foochow, fers du Honan, cuivre rouge
ou jaune de la province de Yunanne, tout fut pour
lui élément de négoce et matière à trafic. Sa
principale maison de commerce, son « hong »
était à Shang-Haï, mais il possédait des comptoirs
à Nan-King, à Tien-Tsin, à Macao, à Hong-Kong.
Très mêlé au mouvement européen, c'étaient

les steamers anglais qui transportaient ses marchandises, c'était le câble électrique qui lui donnait le cours des soieries à Lyon et de l'opium à Calcutta. Aucun de ces agents du progrès, vapeur ou électricité, ne le trouvait réfractaire, ainsi que le sont la plupart des Chinois, sous l'influence des mandarins et du gouvernement, dont ce progrès diminue peu à peu le prestige.

Bref, Tchoung-Héou manœuvra si habilement, aussi bien dans son commerce avec l'intérieur de l'Empire que dans ses transactions avec les maisons portugaises, françaises, anglaises ou américaines de Shang-Haï, de Macao et de Hong-Kong, qu'au moment où Kin-Fo venait au monde, sa fortune dépassait déjà quatre cent mille dollars [1].

Or, pendant les années qui suivirent, cette épargne allait être doublée, grâce à la création d'un trafic nouveau, qu'on pourrait appeler le « commerce des coolies du Nouveau Monde ».

On sait, en effet, que la population de la Chine est surabondante et hors de proportion avec l'étendue de ce vaste territoire, diversement mais poétiquement nommé Céleste Empire, Empire du Milieu, Empire ou Terre des Fleurs.

On ne l'évalue pas à moins de trois cent soixante millions d'habitants. C'est presque un tiers de la population de toute la terre. Or, si peu que

---

1. Environ deux millions de francs.

mange le Chinois pauvre, il mange, et la Chine,
même avec ses nombreuses rizières, ses immenses
cultures de millet et de blé, ne suffit pas à le
nourrir. De là un trop-plein qui ne demande
qu'à s'échapper par ces trouées que les canons
anglais et français ont faites aux murailles maté-
rielles et morales du Céleste Empire.

C'est vers l'Amérique du Nord et principalement
sur l'État de Californie, que s'est déversé ce trop-
plein. Mais cela s'est fait avec une telle violence,
que le Congrès a dû prendre des mesures restric-
tives contre cette invasion, assez impoliment
nommée « la peste jaune ». Ainsi qu'on l'a fait
observer, cinquante millions d'émigrants chinois
aux États-Unis n'auraient pas sensiblement
amoindri la Chine, et c'eût été l'absorption de la
race anglo-saxonne au profit de la race mongole.

Quoi qu'il en soit, l'exode se fit sur une vaste
échelle. Ces coolies, vivant d'une poignée de riz,
d'une tasse de thé et d'une pipe de tabac, aptes
à tous les métiers, réussirent rapidement au lac
Salé, en Virginie, dans l'Oregon et surtout dans
l'État de Californie, où ils abaissèrent considé-
rablement le prix de la main-d'œuvre.

Des compagnies se formèrent donc pour le
transport de ces émigrants si peu coûteux. On en
compta cinq, qui opéraient le raccolage dans cinq
provinces du Céleste Empire, et une sixième,
fixée à San Francisco. Les premières expédiaient,

la dernière recevait la marchandise. Une agence annexe, celle de Ting-Tong, la réexpédiait.

Ceci demande une explication.

Les Chinois veulent bien s'expatrier et aller chercher fortune chez les « Mélicains », nom qu'ils donnent aux populations des États-Unis, mais à une condition, c'est que leurs cadavres seront fidèlement ramenés à la terre natale pour y être enterrés. C'est une des conditions principales du contrat, une clause *sina qua non,* qui oblige les compagnies envers l'émigrant, et rien ne saurait la faire éluder.

Aussi, la Ting-Tong, autrement dit l'Agence des Morts, disposant de fonds particuliers, est-elle chargée de fréter les « navires à cadavres », qui repartent à pleines charges de San Francisco pour Shang-Haï, Hong-Kong ou Tien-Tsin. Nouveau commerce. Nouvelle source de bénéfices.

L'habile et entreprenant Tchoung-Héou sentit cela. Au moment où il mourut, en 1866, il était directeur de la compagnie de Kouang-Than, dans la province de ce nom, et sous-directeur de la Caisse des Fonds des Morts, à San Francisco.

Ce jour-là, Kin-Fo, n'ayant plus ni père ni mère, héritait d'une fortune évaluée à quatre millions de francs, placée en actions de la Centrale Banque Californienne, qu'il eut le bon sens de garder.

Au moment où il perdit son père, le jeune

héritier, âgé de dix-neuf ans, se fût trouvé seul, s'il n'eût eu Wang, l'inséparable Wang, pour lui tenir lieu de mentor et d'ami.

Or, qu'était ce Wang ? Depuis dix-sept ans, il vivait dans le yamen de Shang-Haï. Il avait été le commensal du père avant d'être celui du fils. Mais d'où venait-il ? A quel passé pouvait-on le rattacher ? Autant de questions assez obscures, auxquelles Tchoung-Héou et Kin-Fo auraient seuls pu répondre.

Et s'ils avaient jugé convenable de le faire — ce qui n'était pas probable —, voici ce que l'on eût appris :

Personne n'ignore que la Chine est, par excellence, le royaume où les insurrections peuvent durer pendant bien des années, et soulever des centaines de mille hommes. Or, au XVIIe siècle, la célèbre dynastie des Ming, d'origine chinoise, régnait depuis trois cents ans sur la Chine, lorsque, en 1644, le chef de cette dynastie, trop faible contre les rebelles qui menaçaient la capitale, demanda secours à un roi tartare.

Le roi ne se fit pas prier, accourut, chassa les révoltés, profita de la situation pour renverser celui qui avait imploré son aide, et proclama empereur son propre fils Chun-Tché.

A partir de cette époque, l'autorité tartare fut substituée à l'autorité chinoise, et le trône occupé par des empereurs mantchoux.

Peu à peu, surtout dans les classes inférieures de la population, les deux races se confondirent ; mais, chez les familles riches du Nord, la séparation entre Chinois et Tartares se maintint plus strictement. Aussi, le type se distingue-t-il encore, et plus particulièrement au milieu des provinces septentrionales de l'Empire. Là se cantonnèrent des « irréconciliables », qui restèrent fidèles à la dynastie déchue.

Le père de Kin-Fo était de ces derniers, et il ne démentit pas les traditions de sa famille, qui avait refusé de pactiser avec les Tartares. Un soulèvement contre la domination étrangère, même après trois cents ans d'exercice, l'eût trouvé prêt à agir.

Inutile d'ajouter que son fils Kin-Fo partageait absolument ses opinions politiques.

Or, en 1860, régnait encore cet empereur S'Hiène-Fong, qui déclara la guerre à l'Angleterre et à la France, — guerre terminée par le traité de Péking, le 25 octobre de ladite année.

Mais, avant cette époque, un formidable soulèvement menaçait déjà la dynastie régnante. Les Tchang-Mao ou Taï-ping, les « rebelles aux longs cheveux », s'étaient emparés de Nan-King en 1853 et de Shang-Haï en 1855. S'Hiène-Fong mort, son jeune fils eut fort à faire pour repousser les Taï-ping. Sans le vice-roi Li, sans le prince Kong, et surtout sans le colonel anglais Gordon, peut-être n'eût-il pu sauver son trône.

C'est que ces Taï-ping, ennemis déclarés des Tartares, fortement organisés pour la rébellion, voulaient remplacer la dynastie des Tsing par celle des Wang. Ils formaient quatre bandes distinctes ; la première à bannière noire, chargée de tuer ; la seconde à bannière rouge, chargée d'incendier ; la troisième à bannière jaune, chargée de piller ; la quatrième à bannière blanche, chargée d'approvisionner les trois autres.

Il y eut d'importantes opérations militaires dans le Kiang-Sou. Sou-Tchéou et Kia-Hing, à cinq lieues de Shang-Haï, tombèrent au pouvoir des révoltés et furent repris, non sans peine, par les troupes impériales. Shang-Haï, très menacée, était même attaquée, le 18 août 1860, au moment où les généraux Grant et Montauban, commandant l'armée anglo-française, canonnaient les forts du Peï-Ho.

Or, à cette époque, Tchoung-Héou, le père de Kin-Fo, occupait une habitation près de Shang-Haï, non loin du magnifique pont que les ingénieurs chinois avaient jeté sur la rivière de Sou-Tchéou. Ce soulèvement des Taï-ping, il n'avait pu le voir d'un mauvais œil, puisqu'il était principalement dirigé contre la dynastie tartare.

Ce fut donc dans ces conditions que, le soir du 18 août, après que les rebelles eurent été rejetés hors de Shang-Haï, la porte de l'habitation de Tchoung-Héou s'ouvrit brusquement.

WANG.

Un fuyard, ayant pu dépister ceux qui le poursuivaient, vint tomber aux pieds de Tchoung-Héou. Ce malheureux n'avait plus une arme pour se défendre. Si celui auquel il venait demander asile le livrait à la soldatesque impériale, il était perdu.

Le père de Kin-Fo n'était pas homme à trahir un Taï-ping, qui avait cherché refuge dans sa maison.

Il referma la porte et dit :

« Je ne veux pas savoir, je ne saurai jamais qui tu es, ce que tu as fait, d'où tu viens ! Tu es mon hôte, et, par cela seul, en sûreté chez moi. »

Le fugitif voulut parler, pour exprimer sa reconnaissance... Il en avait à peine la force.

« Ton nom ? lui demanda Tchoung-Héou.

— Wang. »

C'était Wang, en effet, sauvé par la générosité de Tchoung-Héou, — générosité qui aurait coûté la vie à ce dernier, si l'on avait soupçonné qu'il donnât asile à un rebelle. Mais Tchoung-Héou était de ces hommes antiques, à qui tout hôte est sacré.

Quelques années après, le soulèvement des rebelles était définitivement réprimé. En 1864, l'empereur Taï-ping, assiégé dans Nan-King, s'empoisonnait pour ne pas tomber aux mains des Impériaux.

Wang, depuis ce jour, resta dans la maison de son bienfaiteur. Jamais il n'eut à répondre sur son passé. Personne ne l'interrogea à cet égard. Peut-être craignait-on d'en apprendre trop! Les atrocités commises par les révoltés avaient été, dit-on, épouvantables. Sous quelle bannière avait servi Wang, la jaune, la rouge, la noire ou la blanche? Mieux valait l'ignorer, en somme, et conserver l'illusion qu'il n'avait appartenu qu'à la colonne de ravitaillement.

Wang, enchanté de son sort, d'ailleurs, demeura donc le commensal de cette hospitalière maison. Après la mort de Tchoung-Héou, son fils n'eut garde de se séparer de lui, tant il était habitué à la compagnie de cet aimable personnage.

Mais, en vérité, à l'époque où commence cette histoire, qui eût jamais reconnu un ancien Taï-ping, un massacreur, un pillard ou un incendiaire — au choix —, dans ce philosophe de cinquante-cinq ans, ce moraliste à lunettes, ce Chinois chinoisant, yeux relevés vers les tempes, moustache traditionnelle? Avec sa longue robe de couleur peu voyante, sa ceinture relevée sur la poitrine par un commencement d'obésité, sa coiffure réglée suivant le décret impérial, c'est-à-dire un chapeau de fourrure aux bords dressés le long d'une calotte d'où s'échappaient des houppes de filets rouges, n'avait-il pas l'air d'un brave professeur de philosophie, de l'un de ces savants qui font couramment usage des quatre-vingt mille caractères de l'écriture chinoise, d'un lettré du dialecte supérieur, d'un premier lauréat de l'examen des docteurs, ayant le droit de passer sous la grande porte de Péking, réservée au Fils du Ciel ?

Peut-être, après tout, oubliant un passé plein d'horreur, le rebelle s'était-il bonifié au contact de l'honnête Tchoung-Héou, et avait-il tout doucement bifurqué sur le chemin de la philosophie spéculative ! Et voilà pourquoi ce soir-là, Kin-Fo et Wang, qui ne se quittaient jamais, étaient ensemble à Canton, pourquoi, après ce dîner d'adieu, tous deux s'en allaient par les quais à la recherche du steamer qui devait les ramener rapidement à Shang-Haï.

Kin-Fo marchait en silence, un peu soucieux même. Wang, regardant à droite, à gauche, philosophant à la lune, aux étoiles, passait en souriant sous la porte de « l'Éternelle Pureté », qu'il ne trouvait pas trop haute pour lui, sous la porte de « l'Éternelle Joie », dont les battants lui semblaient ouverts sur sa propre existence, et il vit enfin se perdre dans l'ombre les tours de la pagode des « Cinq Cents Divinités ».

Le steamer *Perma* était là, sous pression. Kin-Fo et Wang s'installèrent dans les deux cabines retenues pour eux. Le rapide courant du fleuve des Perles, qui entraîne quotidiennement avec la fange de ses berges des corps de suppliciés, imprima au bateau une extrême vitesse. Le steamer passa comme une flèche entre les ruines laissées çà et là par les canons français, devant la pagode à neuf étages de Haf-Way, devant la pointe Jardyne, près de Whampoa, où mouillent les plus gros bâtiments, entre les îlots et les estacades de bambous des deux rives.

Les cent cinquante kilomètres, c'est-à-dire les trois cent soixante-quinze « lis », qui séparent Canton de l'embouchure du fleuve, furent franchis dans la nuit.

Au lever du soleil, le *Perma* dépassait la « Gueule-du-Tigre », puis les deux barres de l'estuaire. Le Victoria-Peak de l'île de Hong-Kong, haut de dix-huit cent vingt-cinq pieds, apparut un instant dans la brume matinale, et, après la plus heureuse des traversées, Kin-Fo et le philosophe, refoulant les eaux jaunâtres du fleuve Bleu, débarquaient à Shang-Haï, sur le littoral de la province de Kiang-Nan.

III

OÙ LE LECTEUR POURRA, SANS FATIGUE, JETER UN COUP D'ŒIL
SUR LA VILLE DE SHANG-HAÏ.

UN proverbe chinois dit :

« Quand les sabres sont rouillés et les bêches « luisantes,

« Quand les prisons sont vides et les greniers
« pleins,

« Quand les degrés des temples sont usés par
« les pas des fidèles et les cours des tribunaux
« couvertes d'herbe,

« Quand les médecins vont à pied et les bou-
« langers à cheval,

« L'Empire est bien gouverné. »

Le proverbe est bon. Il pourrait s'appliquer
justement à tous les États de l'Ancien et du Nouveau Monde. Mais s'il en est un où ce *desideratum*
soit encore loin de se réaliser, c'est précisément
le Céleste Empire. Là, ce sont les sabres qui reluisent
et les bêches qui se rouillent, les prisons qui
regorgent et les greniers qui se désemplissent.
Les boulangers chôment plus que les médecins, et,
si les pagodes attirent les fidèles, les tribunaux,
en revanche, ne manquent ni de prévenus ni de
plaideurs.

D'ailleurs, un royaume de cent quatre-vingt
mille milles carrés, qui, du nord au sud, mesure
plus de huit cents lieues, et, de l'est à l'ouest, plus
de neuf cents, qui compte dix-huit vastes provinces,
sans parler des pays tributaires : la Mongolie,
la Mantchourie, le Tibet, le Tonking, la Corée,
les îles Liou-Tchou, etc., ne peut être que très
imparfaitement administré. Si les Chinois s'en
doutent bien un peu, les étrangers ne se font
aucune illusion à cet égard. Seul, peut-être, l'em-

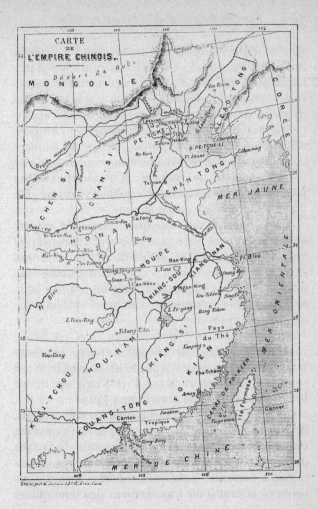

CARTE
DE
L'EMPIRE CHINOIS.

Désert de Gobi
MONGOLIE

Grande muraille
CHEN SI
CHAN SI
Ho-Kien
PE-TCHÉ-LI
PEKING
Tcheou
Tien-Tsin
G. PE-TCHÉ-LI
Tsi-nan
CHAN-TONG
Fl Jaune
MER JAUNE
LÉAO-TONG
CORÉE

Ouei-ro
Si-Guen-Fou
HONAN
Cafong
Yu-Ning
Nan-King
HOU-PE
KIANG-NAN
KIANG-SOU
Ngan-King
Fl Bleu
Chang Hai
Sou-Tchéou
Ning-Po
MER ORIENTALE

Fl Bleu
L. Toum-Ting
Tchang-Tch.
KOUEI-TCHÉOU
HOU-NAN-TONG
Yeu-Yang
KIANG-SI
L. Po-yang
Hang-Tchou
Pays du Thé
Kin-ping
FO-KIEN
Fou-Tchéou
Amoy
CANAL DE FO-KIEN
Ile Formose
Cancer

KOUANG-TONG
Canton
Tropique
Swatow
du Tayo-wan
Hong-Kong
MER DE CHINE

Gravé par L. Sonain 53 R. des Deux Paris

pereur, enfermé dans son palais, dont il franchit
rarement les portes, à l'abri des murailles d'une
triple ville, ce Fils du Ciel, père et mère de ses
sujets, faisant ou défaisant les lois à son gré, ayant
droit de vie et de mort sur tous, et auquel appartiennent, par sa naissance, les revenus de l'Empire,
ce souverain, devant qui les fronts se traînent
dans la poussière, trouve que tout est pour le mieux
dans le meilleur des mondes. Il ne faudrait même
pas essayer de lui prouver qu'il se trompe. Un
Fils du Ciel ne se trompe jamais.

Kin-Fo avait-il eu quelque raison de penser
que mieux vaut être gouverné à l'européenne
qu'à la chinoise ? On serait tenté de le croire.
En effet, il demeurait, non dans Shang-Haï,
mais en dehors, sur une portion de la concession
anglaise, qui se maintient dans une sorte d'auto-
nomie très appréciée.

Shang-Haï, la ville proprement dite, est située
sur la rive gauche de la petite rivière Houang-
Pou, qui, se réunissant à angle droit avec le Wousung, va se mêler au Yang-Tsze-Kiang ou fleuve
Bleu, et de là se perd dans la mer Jaune.

C'est un ovale, couché du nord au sud, enceint
de hautes murailles, percé de cinq portes s'ouvrant
sur ses faubourgs. Réseau inextricable de ruelles
dallées, que les balayeuses mécaniques s'use-
raient à nettoyer ; boutiques sombres sans devan-
tures ni étalages, où fonctionnent des boutiquiers

nus jusqu'à la ceinture; pas une voiture, pas un palanquin, à peine des cavaliers; quelques temples indigènes ou chapelles étrangères; pour toutes promenades, un « jardin-thé » et un champ de parade assez marécageux, établi sur un sol de remblai, comblant d'anciennes rizières et sujet aux émanations paludéennes; à travers ces rues, au fond de ces maisons étroites, une population de deux cent mille habitants, telle est cette cité d'une habitabilité peu enviable, mais qui n'en a pas moins une grande importance commerciale.

Là, en effet, après le traité de Nan-King, les étrangers eurent pour la première fois le droit de fonder des comptoirs. Ce fut la grande porte ouverte, en Chine, au trafic européen. Aussi, en dehors de Shang-Haï et de ses faubourgs, le gouvernement a-t-il concédé, moyennant une rente annuelle, trois portions de territoire aux Français, aux Anglais et aux Américains, qui sont au nombre de deux mille environ.

De la concession française, il y a peu à dire. C'est la moins importante. Elle confine presque à l'enceinte nord de la ville, et s'étend jusqu'au ruisseau de Yang-King-Pang, qui la sépare du territoire anglais. Là s'élèvent les églises des lazaristes et des jésuites, qui possèdent aussi, à quatre milles de Shang-Haï, le collège de Tsikavé, où ils forment des bacheliers chinois. Mais cette petite colonie française n'égale pas ses voisines, à beaucoup près. Des dix maisons de commerce, fondées en 1861, il n'en reste plus que trois, et le Comptoir d'escompte a même préféré s'établir sur la concession anglaise.

Le territoire américain occupe la partie en retour sur le Wousung. Il est séparé du territoire anglais par le Sou-Tchéou-Creek, que traverse un pont de bois. Là se voient l'hôtel Astor, l'église des Missions ; là se creusent les docks installés pour la réparation des navires européens.

Mais, des trois concessions, la plus florissante est, sans contredit, la concession anglaise. Habitations somptueuses sur les quais, maisons à vérandas et à jardins, palais des princes du commerce, l'Oriental Bank, le « hong » de la célèbre maison Dent avec sa raison sociale du Lao-Tchi-Tchang, les comptoirs des Jardyne, des Russel et autres grands négociants, le club Anglais, le théâtre, le jeu de paume, le parc, le champ de courses, la bibliothèque, tel est l'ensemble de cette riche création des Anglo-Saxons, qui a justement mérité le nom de « colonie modèle ».

C'est pourquoi, sur ce territoire privilégié, sous le patronage d'une administration libérale, ne s'étonnera-t-on pas de trouver, ainsi que le dit M. Léon Rousset, « une ville chinoise d'un caractère tout particulier et qui n'a d'analogue nulle part ailleurs ».

Ainsi donc, en ce petit coin de terre, l'étranger, arrivé par la route pittoresque du fleuve Bleu, voyait quatre pavillons se développer au souffle de la même brise, les trois couleurs françaises et le « yacht » du Royaume-Uni, les étoiles américaines et la croix de Saint-André, jaune sur fond vert, de l'Empire des Fleurs.

Quant aux environs de Shang-Haï, pays plat, sans un arbre, coupé d'étroites routes empierrées et de sentiers tracés à angles droits, troué de citernes et d' « arroyos » distribuant l'eau à d'immenses rizières, sillonné de canaux portant des jonques qui dérivent au milieu des champs, comme les gribanes à travers les campagnes de la Hollande, c'était une sorte de vaste tableau, très vert de ton, auquel eût manqué son cadre.

Le *Perma,* à son arrivée, avait accosté le quai du port indigène, devant le faubourg Est de Shang-Haï. C'est là que Wang et Kin-Fo débarquèrent dans l'après-midi.

Le va-et-vient des gens affairés était énorme sur la rive, indescriptible sur la rivière. Les jonques par centaines, les bateaux-fleurs, les sampans, sortes de gondoles conduites à la godille, les gigs et autres embarcations de toutes grandeurs, formaient comme une ville flottante, où vivait une population maritime qu'on ne peut évaluer à moins de quarante mille âmes, — population maintenue dans une situation inférieure et dont la partie aisée ne peut s'élever jusqu'à la classe des lettrés ou des mandarins.

Les deux amis s'en allèrent en flânant sur le quai, au milieu de la foule hétéroclite, marchands de toutes sortes, vendeurs d'arachides, d'oranges, de noix d'arec ou de pamplemousses, marins de toutes nations, porteurs d'eau, diseurs de bonne aventure, bonzes, lamas, prêtres catholiques, vêtus à la chinoise avec queue et éventail, soldats indigènes, « ti-paos », les sergents de ville de l'endroit, et « compradores », sortes de commis-courtiers, qui font les affaires des négociants européens.

Kin-Fo, son éventail à la main, promenait sur la foule son regard indifférent, et ne prenait aucun intérêt à ce qui se passait autour de lui. Ni le son métallique des piastres mexicaines, ni celui des taëls d'argent, ni celui des sapèques de cuivre [1], que vendeurs et chalands échangeaient avec bruit, n'auraient pu le distraire. Il en avait de quoi acheter et payer comptant le faubourg tout entier.

Wang, lui, avait déployé son vaste parapluie jaune, décoré de monstres noirs, et, sans cesse « orienté », comme doit l'être un Chinois de race, il cherchait partout matière à quelque observation.

En passant devant la porte de l'Est, son regard s'accrocha, par hasard, à une douzaine de cages en bambous, où grimaçaient des têtes de criminels, qui avaient été exécutés la veille.

---

1. La piastre vaut 5 francs 25, le taël de 7 à 8 francs, et la sapèque environ un demi-centime.

Les deux amis s'en allèrent en flânant. (Page 36.)

« Peut-être, dit-il, y aurait-il mieux à faire que d'abattre des têtes !. Ce serait de les rendre plus solides ! »

Kin-Fo n'entendit sans doute pas la réflexion de Wang, qui l'eût certainement étonné de la part d'un ancien Taï-ping.

Tous deux continuèrent à suivre le quai, en tournant les murailles de la ville chinoise.

A l'extrémité du faubourg, au moment où ils allaient mettre le pied sur la concession française, un indigène, vêtu d'une longue robe bleue, frappant d'un petit bâton une corne de buffle qui rendait un son strident, venait d'attirer la foule.

« Un sien-cheng, dit le philosophe.

— Que nous importe ! répondit Kin-Fo.

— Ami, reprit Wang, demande-lui donc la bonne aventure. C'est une occasion, au moment de te marier ! »

Kin-Fo voulait continuer sa route. Wang le retint.

Le « sien-cheng » est une sorte de prophète populaire, qui, pour quelques sapèques, fait métier de prédire l'avenir. Il n'a d'autres ustensiles professionnels qu'une cage, renfermant un petit oiseau, cage qu'il accroche à l'un des boutons de sa robe, et un jeu de soixante-quatre cartes, représentant des figures de dieux, d'hommes ou d'animaux. Les Chinois de toute classe, généralement superstitieux, ne font point fi des prédictions du sien-cheng, qui, probablement, ne se prend pas au sérieux.

Sur un signe de Wang, celui-ci étala à terre un tapis de cotonnade, y déposa sa cage, tira son jeu de cartes, le battit et le disposa sur le tapis, de manière que les figures fussent invisibles.

La porte de la cage fut alors ouverte. Le petit oiseau sortit, choisit une des cartes, et rentra, après avoir reçu un grain de riz pour récompense.

Le sien-cheng retourna la carte. Elle portait une figure d'homme et une devise, écrite en kunan-runa, cette langue mandarine du Nord, langue officielle, qui est celle des gens instruits.

Et alors, s'adressant à Kin-Fo, le diseur de bonne aventure lui prédit ce que ses confrères de tous pays prédisent invariablement sans se compromettre, à savoir, qu'après quelque épreuve prochaine, il jouirait de dix mille années de bonheur.

« Une, répondit Kin-Fo, une seulement, et je te tiendrais quitte du reste ! »

Puis, il jeta à terre un taël d'argent, sur lequel le prophète se précipita comme un chien affamé sur un os à moelle. De pareilles aubaines ne lui étaient pas ordinaires.

Cela fait, Wang et son élève se dirigèrent vers la colonie française, le premier songeant à cette prédiction qui s'accordait avec ses propres théories sur le bonheur, le second sachant bien qu'aucune épreuve ne pouvait l'atteindre.

Le sien-cheng retourna la carte. (Page 39.)

Ils passèrent ainsi devant le consulat de France, remontèrent jusqu'au ponceau jeté sur Yang-King-Pang, traversèrent le ruisseau, prirent obliquement à travers le territoire anglais, de manière à gagner le quai du port européen.

Midi sonnait alors. Les affaires, très actives pendant la matinée, cessèrent comme par enchantement. La journée commerciale était pour ainsi dire terminée, et le calme allait succéder au mouvement, même dans la ville anglaise, devenue chinoise sous ce rapport.

En ce moment, quelques navires étrangers arrivaient au port, la plupart sous le pavillon du Royaume-Uni. Neuf sur dix, il faut bien le dire, sont chargés d'opium. Cette abrutissante substance, ce poison dont l'Angleterre encombre la Chine, produit un chiffre d'affaires qui dépasse deux cent soixante millions de francs et rapporte trois cents pour cent de bénéfice. En vain le gouvernement chinois a-t-il voulu empêcher l'importation de l'opium dans le Céleste Empire. La guerre de 1841 et le traité de Nan-King ont donné libre entrée à la marchandise anglaise et gain de cause aux princes marchands. Il faut, d'ailleurs, ajouter que, si le gouvernement de Péking a été jusqu'à édicter la peine de mort contre tout Chinois qui vendrait de l'opium, il est des accommodements moyennant finance avec les dépositaires de l'autorité. On croit même que le mandarin gouverneur de Shang-Haï encaisse un million annuellement, rien qu'en fermant les yeux sur les agissements de ses administrés.

Il va sans dire que ni Kin-Fo ni Wang ne s'adonnaient à cette détestable habitude de fumer l'opium, qui détruit tous les ressorts de l'organisme et conduit rapidement à la mort.

Aussi, jamais une once de cette substance n'était-elle entrée dans la riche habitation, où les deux amis arrivaient, une heure après avoir débarqué sur le quai de Shang-Haï.

Wang — ce qui aurait encore surpris de la part d'un ex-Taï-ping — n'avait pas manqué de dire :

« Peut-être y aurait-il mieux à faire que d'importer l'abrutissement à tout un peuple ! Le commerce, c'est bien ; mais la philosophie, c'est mieux ! Soyons philosophes, avant tout, soyons philosophes ! »

IV

DANS LEQUEL KIN-FO REÇOIT UNE IMPORTANTE LETTRE QUI A DÉJÀ HUIT JOURS DE RETARD.

Un yamen est un ensemble de constructions variées, rangées suivant une ligne parallèle, qu'une seconde ligne de kiosques et de pavillons

vient couper perpendiculairement. Le plus ordinairement, le yamen sert d'habitation aux mandarins d'un rang élevé et appartient à l'empereur ;
mais il n'est point interdit aux riches Célestials
d'en posséder en toute propriété, et c'était un de
ces somptueux hôtels qu'habitait l'opulent Kin-Fo.

Wang et son élève s'arrêtèrent à la porte principale, ouverte au front de la vaste enceinte qui
entourait les diverses constructions du yamen,
ses jardins et ses cours.

Si, au lieu de la demeure d'un simple particulier, c'eût été celle d'un magistrat mandarin,
un gros tambour aurait occupé la première place
sous l'auvent découpé et peinturluré de la porte.
Là, de nuit comme de jour, seraient venus frapper
ceux de ses administrés qui auraient eu à réclamer
justice. Mais, au lieu de ce « tambour des plaintes »,
de vastes jarres en porcelaine ornaient l'entrée
du yamen, et contenaient du thé froid, inces-
samment renouvelé par les soins de l'intendant.
Ces jarres étaient à la disposition des passants,
générosité qui faisait honneur à Kin-Fo. Aussi
était-il bien vu, comme on dit, « de ses voisins de
l'Est et de l'Ouest ».

A l'arrivée du maître, les gens de la maison
accoururent à la porte pour le recevoir. Valets
de chambre, valets de pied, portiers, porteurs
de chaises, palefreniers, cochers, servants, veilleurs
de nuit, cuisiniers, tout ce monde qui compose

la domesticité chinoise fit la haie sous les ordres
de l'intendant. Une dizaine de coolies, engagés
au mois pour les gros ouvrages, se tenaient un
peu en arrière.

L'intendant souhaita la bienvenue au maître
du logis. Celui-ci fit à peine un signe de la main
et passa rapidement.

« Soun ? dit-il seulement.

— Soun ! répondit Wang en souriant. Si Soun
était là, ce ne serait plus Soun !

— Où est Soun ? » répéta Kin-Fo.

L'intendant dut avouer que ni lui ni personne
ne savait ce qu'était devenu Soun.

Or, Soun n'était rien moins que le premier
valet de chambre, spécialement attaché à la personne de Kin-Fo, et dont celui-ci ne pouvait en
aucune façon se passer.

Soun était-il donc un domestique modèle ?
Non. Impossible de faire plus mal son service.
Distrait, incohérent, maladroit de ses mains et
de sa langue, foncièrement gourmand, légèrement
poltron, un vrai Chinois de paravent celui-là,
mais fidèle, en somme, et le seul, après tout, qui
eût le don d'émouvoir son maître. Kin-Fo trouvait
vingt fois par jour l'occasion de se fâcher contre
Soun, et, s'il ne le corrigeait que dix, c'était autant
de pris sur sa nonchalance habituelle et de quoi
mettre sa bile en mouvement. Un serviteur hygié-
nique, on le voit.

D'ailleurs, Soun, ainsi que font la plupart des domestiques chinois, venait de lui-même au-devant de la correction, quand il l'avait méritée. Son maître ne la lui épargnait pas. Les coups de rotin pleuvaient sur ses épaules, ce dont Soun se préoccupait peu. Mais, à quoi il se montrait infiniment plus sensible, c'était aux ablations successives que Kin-Fo faisait subir à la queue nattée qui lui pendait sur le dos, lorsqu'il s'agissait de quelque faute grave.

Personne n'ignore, en effet, combien le Chinois tient à ce bizarre appendice. La perte de la queue, c'est la première punition qu'on applique aux criminels! C'est un déshonneur pour la vie! Aussi, le malheureux valet ne redoutait-il rien tant que d'être condamné à en perdre un morceau. Il y a quatre ans, lorsque Soun entra au service de Kin-Fo, sa queue — une des plus belles du Céleste Empire — mesurait un mètre vingt-cinq. A l'heure qu'il est, il n'en restait plus que cinquante-sept centimètres.

A continuer ainsi, Soun, dans deux ans, serait entièrement chauve!

Cependant, Wang et Kin-Fo, suivis respectueusement des gens de la maison, traversèrent le jardin, dont les arbres, encaissés pour la plupart dans des vases en terre cuite, et taillés avec un art surprenant, mais regrettable, affectaient des formes d'animaux fantastiques. Puis, ils contour-

Suivis respectueusement des gens de la maison. (Page 45.)

nèrent le bassin, peuplé de « gouramis » et de poissons rouges, dont l'eau limpide disparaissait sous
les larges fleurs rouge pâle du « nelumbo », le
plus beau des nénuphars originaires de l'Empire
des Fleurs. Ils saluèrent un hiéroglyphique qua-
drupède, peint en couleurs violentes sur un mur
ad hoc, comme une fresque symbolique, et ils
arrivèrent enfin à la porte de la principale habitation du yamen.

C'était une maison composée d'un rez-de-
chaussée et d'un étage, élevée sur une terrasse à
laquelle six gradins de marbre donnaient accès. Des
claies de bambous étaient tendues comme des
auvents devant les portes et les fenêtres, afin de
rendre supportable la température déjà excessive,
en favorisant l'aération intérieure. Le toit plat
contrastait avec le faîtage fantaisiste des pavillons
semés çà et là dans l'enceinte du yamen, et dont
les créneaux, les tuiles multicolores, les briques
découpées en fines arabesques, amusaient le regard.

Au-dedans, à l'exception des chambres spécialement réservées au logement de Wang et de
Kin-Fo, ce n'étaient que salons entourés de cabi-
nets à cloisons transparentes, sur lesquelles couraient des guirlandes de fleurs peintes ou des
exergues de ces sentences morales dont les Célestials ne sont point avares. Partout, des sièges
bizarrement contournés, en terre cuite ou en
porcelaine, en bois ou en marbre, sans oublier

quelques douzaines de coussins d'un moelleux plus
engageant ; partout, des lampes ou des lanternes
aux formes variées, aux verres nuancés de couleurs tendres, et plus harnachées de glands, de
franges et de houppes qu'une mule espagnole ;
partout aussi, de ces petites tables à thé qu'on
appelle « tcha-ki », complément indispensable d'un
mobilier chinois. Quant aux ciselures d'ivoire
et d'écaille, aux bronzes niellés, aux brûle-parfum,
aux laques agrémentées de filigranes d'or en relief,
aux jades blanc laiteux et vert émeraude, aux
vases ronds ou prismatiques de la dynastie des
Ming et des Tsing, aux porcelaines plus recher-
chées encore de la dynastie des Yen, aux émaux
cloisonnés roses et jaunes translucides, dont le
secret est introuvable aujourd'hui, on eût, non
pas perdu, mais passé des heures à les compter.
Cette luxueuse habitation offrait toute la fantaisie chinoise alliée au confort européen.

En effet, Kin-Fo — on l'a dit et ses goûts le prou-
vent — était un homme de progrès. Aucune invention moderne des Occidentaux ne le trouvait
réfractaire à leur importation. Il appartenait à la
catégorie de ces Fils du Ciel, trop rares encore,
que séduisent les sciences physiques et chimiques.
Il n'était donc pas de ces barbares qui coupèrent
les premiers fils électriques que la maison Reynolds
voulut établir jusqu'au Wousung dans le but d'apprendre plus rapidement l'arrivée des malles

anglaises et américaines, ni de ces mandarins arriérés, qui, pour ne pas laisser le câble sous-marin de Shang-Haï à Hong-Kong s'attacher à un point quelconque du territoire, obligèrent les électriciens à le fixer sur un bateau flottant en pleine rivière !

Non ! Kin-Fo se joignait à ceux de ses compatriotes qui approuvaient le gouvernement d'avoir fondé les arsenaux et les chantiers de Fou-Chao sous la direction d'ingénieurs français. Aussi possédait-il des actions de la compagnie de ces steamers chinois, qui font le service entre Tien-Tsin et Shang-Haï dans un intérêt purement national, et était-il intéressé dans ces bâtiments à grande vitesse qui depuis Singapore gagnent trois ou quatre jours sur la malle anglaise.

On a dit que le progrès matériel s'était introduit jusque dans son intérieur. En effet, des appareils téléphoniques mettaient en communication les divers bâtiments de son yamen. Des sonnettes électriques reliaient les chambres de son habitation. Pendant la saison froide, il faisait du feu et se chauffait sans honte, plus avisé en cela que ses concitoyens, qui gèlent devant l'âtre vide sous leur quadruple vêtement. Il s'éclairait au gaz tout comme l'inspecteur général des douanes de Péking, tout comme le richissime M. Yang, principal propriétaire des monts-de-piété de l'Empire du Milieu ! Enfin, dédaignant l'emploi suranné de l'écriture dans sa correspondance intime, le progressif Kin-Fo — on le verra bientôt — avait adopté le phonographe, récemment porté par Edison au dernier degré de la perfection.

Ainsi donc, l'élève du philosophe Wang avait, dans la partie matérielle de la vie autant que dans sa partie morale, tout ce qu'il fallait pour être heureux! Et il ne l'était pas! Il avait Soun pour détendre son apathie quotidienne, et Soun même ne suffisait pas à lui donner le bonheur!

Il est vrai que, pour le moment du moins, Soun, qui n'était jamais où il aurait dû être, ne se montrait guère! Il devait sans doute avoir quelque grave faute à se reprocher, quelque grosse maladresse commise en l'absence de son maître, et s'il ne craignait pas pour ses épaules, habituées au rotin domestique, tout portait à croire qu'il tremblait surtout pour sa queue.

« Soun! avait dit Kin-Fo, en entrant dans le vestibule, sur lequel s'ouvraient les salons de droite et de gauche, et sa voix indiquait une impatience mal contenue.

— Soun! avait répété Wang, dont les bons conseils et les objurgations étaient toujours restés sans effet sur l'incorrigible valet.

— Que l'on découvre Soun et qu'on me l'amène! » dit Kin-Fo en s'adressant à l'intendant, qui mit tout son monde à la recherche de l'introuvable.

Wang et Kin-Fo restèrent seuls.

« La sagesse, dit alors le philosophe, commande au voyageur qui rentre à son foyer de prendre quelque repos.

— Soyons sages ! » répondit simplement l'élève de Wang.

Et, après avoir serré la main du philosophe, il se dirigea vers son appartement, tandis que Wang regagnait sa chambre.

Kin-Fo, une fois seul, s'étendit sur un de ces moelleux divans de fabrication européenne, dont un tapissier chinois n'eût jamais su disposer le confortable capitonnage. Là, il se prit à songer. Fut-ce à son mariage avec l'aimable et jolie femme dont il allait faire la compagne de sa vie ? Oui, et cela ne peut surprendre, puisqu'il était à la veille d'aller la rejoindre. En effet, cette gracieuse personne ne demeurait pas à Shang-Haï. Elle habitait Péking, et Kin-Fo se dit même qu'il serait convenable de lui annoncer, en même temps que son retour à Shang-Haï, son arrivée prochaine dans la capitale du Céleste Empire. Si même il marquait un certain désir, une légère impatience de la revoir, cela ne serait pas déplacé. Très certainement, il éprouvait une véritable affection pour elle ! Wang le lui avait bien démontré d'après les plus indiscutables règles de la logique, et cet élément nouveau introduit dans son existence pourrait peut-être en dégager l'inconnue...

c'est-à-dire le bonheur... qui... que... dont...

Kin-Fo rêvait déjà les yeux fermés, et il se fût tout doucement endormi, s'il n'eût senti une sorte de chatouillement à sa main droite.

Instinctivement, ses doigts se refermèrent et saisirent un corps cylindrique légèrement noueux, de raisonnable grosseur, qu'ils avaient certainement l'habitude de manier.

Kin-Fo ne pouvait s'y tromper : c'était un rotin qui s'était glissé dans sa main droite, et, en même temps, ces mots, prononcés d'un ton résigné, se faisaient entendre :

« Quand monsieur voudra! »

Kin-Fo se redressa, et, par un mouvement bien naturel, il brandit le rotin correcteur.

Soun était devant lui, à demi courbé, dans la posture d'un patient, présentant ses épaules. Appuyé d'une main sur le tapis de la chambre, de l'autre il tenait une lettre.

« Enfin, te voilà! dit Kin-Fo.

— *Ai ai ya!* répondit Soun. Je n'attendais mon maître qu'à la troisième veille! Quand monsieur voudra! »

Kin-Fo jeta le rotin à terre. Soun, si jaune qu'il fût naturellement, parvint cependant à pâlir!

« Si tu offres ton dos sans autre explication, dit le maître, c'est que tu mérites mieux que cela! Qu'y a-t-il?

— Cette lettre!...

— Parle donc! s'écria Kin-Fo, en saisissant la lettre que lui présentait Soun.

— J'ai bien maladroitement oublié de vous la remettre avant votre départ pour Canton!

— Huit jours de retard, coquin!

— J'ai eu tort, mon maître!

— Vienc ici!

— Je suis comme un pauvre crabe sans pattes qui ne peut marcher! *Ai ai ya!* »

Ce dernier cri était un cri de désespoir. Kin-Fo avait saisi Soun par sa natte, et, d'un coup de ciseaux bien affilés, il venait d'en trancher l'extrême bout.

Il faut croire que les pattes repoussèrent instantanément au malencontreux crabe, car il détala prestement, non sans avoir ramassé sur le tapis le morceau de son précieux appendice.

De cinquante-sept centimètres, la queue de Soun se trouvait réduite à cinquante-quatre.

Kin-Fo, redevenu parfaitement calme, s'était rejeté sur le divan et examinait en homme que rien ne presse la lettre arrivée depuis huit jours. Il n'en voulait à Soun que de sa négligence, non du retard. En quoi une lettre quelconque pouvait-elle l'intéresser? Elle ne serait la bienvenue que si elle lui causait une émotion. Une émotion à lui!

Il la regardait donc, mais distraitement.

L'enveloppe, faite d'une toile empesée, montrait à l'adresse et au dos divers timbres-poste de couleur

D'un coup de ciseaux bien affilés. (Page 53.)

vineuse et chocolat, portant en exergue au-dessous
d'un portrait d'homme les chiffres de deux et de
« six *cents* ».

Cela indiquait qu'elle venait des Etats-Unis
d'Amérique.

«Bon! fit Kin-Fo, en haussant les épaules, une
lettre de mon correspondant de San Francisco! »

Et il rejeta la lettre dans un coin du divan.

En effet, que pouvait lui apprendre son correspondant? Que les titres qui composaient
presque toute sa fortune dormaient tranqûil-
lement dans les caisses de la Centrale Banque
Californienne, que ses actions avaient monté de
quinze ou vingt pour cent, que les dividendes à
distribuer dépasseraient ceux de l'année pré-
cédente, etc..!

Quelques milliers de dollars de plus ou de moins
n'étaient vraiment pas pour l'émouvoir!

Toutefois, quelques minutes après, Kin-Fo reprit
la lettre et en déchira machinalement l'enveloppe;
mais, au lieu de la lire, ses yeux n'en cherchèrent
d'abord que la signature.

« C'est bien une lettre de mon correspondant,
dit-il. Il ne peut que me parler d'affaires! A
demain les affaires! »

Et, une seconde fois, Kin-Fo allait rejeter la
lettre, lorsque son regard fut tout à coup frappé
par un mot souligné plusieurs fois au recto de la
deuxième page. C'était le mot « passif », sur lequel

le correspondant de San Francisco avait évidemment voulu attirer l'attention de son client de
Shang-Haï.

Kin-Fo reprit alors la lettre à son début, et la
lut de la première à la dernière ligne, non sans
un certain sentiment de curiosité, qui devait surprendre de sa part.

Un instant, ses sourcils se froncèrent; mais une
sorte de dédaigneux sourire se dessina sur ses
lèvres, lorsqu'il eut achevé sa lecture.

Kin-Fo se leva alors, fit une vingtaine de pas
dans sa chambre, s'approcha un instant du tuyau
acoustique qui le mettait en communication
directe avec Wang. Il porta même le cornet à sa
bouche, et fut sur le point de faire résonner le
sifflet d'appel; mais il se ravisa, laissa retomber
le serpent de caoutchouc, et revint s'étendre sur
le divan.

« Peuh! » fit-il.

Tout Kin-Fo était dans ce mot.

« Et elle! murmura-t-il. Elle est vraiment plus
intéressée que moi dans tout cela! »

Il s'approcha alors d'une petite table de laque,
sur laquelle était posée une boîte oblongue, pré-
cieusement ciselée. Mais, au moment de l'ouvrir,
sa main s'arrêta.

« Que me disait sa dernière lettre? » murmura-t-il.

Et, au lieu de lever le couvercle de la boîte, il

poussa un ressort, fixé à l'une des extrémités.

Aussitôt une voix douce de se faire entendre!

« Mon petit frère aîné! Ne suis-je plus pour vous comme la fleur Mei-houa à la première lune, comme la fleur de l'abricotier à la deuxième, comme la fleur du pêcher à la troisième! Mon cher cœur de pierre précieuse, à vous mille, à vous dix mille bonjours!... »

C'était la voix d'une jeune femme, dont le phonographe répétait les tendres paroles.

« Pauvre petite sœur cadette! » dit Kin-Fo.

Puis, ouvrant la boîte, il retira de l'appareil le papier, zébré de rainures, qui venait de reproduire toutes les inflexions de la lointaine voix, et le remplaça par un autre.

Le phonographe était alors perfectionné à un point qu'il suffisait de parler à voix haute pour que la membrane fût impressionnée et que le rouleau, mû par un mouvement d'horlogerie, enregistrât les paroles sur le papier de l'appareil.

Kin-Fo parla donc pendant une minute environ. A sa voix, toujours calme, on n'eût pu reconnaître sous quelle impression de joie ou de tristesse il formulait sa pensée.

Trois ou quatre phrases, pas plus, ce fut tout ce que dit Kin-Fo. Cela fait, il suspendit le mouvement du phonographe, retira le papier spécial sur lequel l'aiguille, actionnée par la membrane, avait tracé des rainures obliques, correspondant aux paroles prononcées; puis, plaçant ce papier dans une enveloppe qu'il cacheta, il écrivit de droite à gauche l'adresse que voici :

« Madame Lé-ou,
    « Avenue de Cha-Coua
        « Péking. »

Un timbre électrique fit aussitôt accourir celui des domestiques qui était chargé de la correspondance. Ordre lui fut donné de porter immédiatement cette lettre à la poste.

Une heure après, Kin-Fo dormait paisiblement, en pressant dans ses bras son « tchou-fou-jen », sorte d'oreiller de bambou tressé, qui maintient dans les lits chinois une température moyenne, très appréciable sous ces chaudes latitudes.

V

DANS LEQUEL LÉ-OU REÇOIT UNE LETTRE
QU'ELLE EÛT PRÉFÉRÉ NE PAS RECEVOIR.

« Tu n'as pas encore de lettre pour moi?
    — Eh! non, madame!
    — Que le temps me paraît long, vieille mère! »
Ainsi, pour la dixième fois de la journée, parlait

la charmante Lé-ou, dans le boudoir de sa maison de l'avenue Cha-Coua, à Péking. La « vieille mère » qui lui répondait, et à laquelle elle donnait cette qualification usitée en Chine pour les servantes d'un âge respectable, c'était la grognonne et désagréable Mlle Nan.

Lé-ou avait épousé à dix-huit ans un lettré de premier grade, qui collaborait au fameux *Sse-Khou-Tsuane-Chou*[1]. Ce savant avait le double de son âge et mourut trois ans après cette union disproportionnée.

La jeune veuve s'était donc trouvée seule au monde, lorsqu'elle n'avait pas encore vingt et un ans. Kin-Fo la vit dans un voyage qu'il fit à Péking, vers cette époque. Wang, qui la connaissait, attira l'attention de son indifférent élève sur cette charmante personne. Kin-Fo se laissa aller tout doucement à l'idée de modifier les conditions de sa vie en devenant le mari de la jolie veuve. Lé-ou ne fut point insensible à la proposition qui lui fut faite. Et voilà comment le mariage, décidé pour la plus grande satisfaction du philosophe, devait être célébré dès que Kin-Fo, après avoir pris à Shang-Haï les dispositions nécessaires, serait de retour à Péking.

Il n'est pas commun, dans le Céleste Empire,

---

1. Cet ouvrage, commencé en 1773, doit comprendre cent soixante mille volumes, et n'en est encore qu'au soixante-dix-huit mille sept cent trente-huitième.

que les veuves se remarient, — non qu'elles
ne le désirent autant que leurs similaires des
contrées occidentales, mais parce que ce désir
trouve peu de co-partageants. Si Kin-Fo fit exception à la règle, c'est que Kin-Fo, on le sait, était
un original. Lé-ou remariée, il est vrai, n'aurait
plus le droit de passer sous les « paé-lous », arcs
commémoratifs que l'empereur fait quelquefois
élever en l'honneur des femmes célèbres par leur
fidélité à l'époux défunt ; telles, la veuve Soung, qui
ne voulut plus jamais quitter le tombeau de son
mari, la veuve Koung-Kiang, qui se coupa un bras,
la veuve Yen-Tchiang, qui se défigura en signe
de douleur conjugale. Mais Lé-ou pensa qu'il y
avait mieux à faire de ses vingt ans. Elle allait
reprendre cette vie d'obéissance, qui est tout le
rôle de la femme dans la famille chinoise, renoncer à parler des choses du dehors, se conformer
aux préceptes du livre *Li-nun* sur les vertus domestiques, et du livre *Nei-tso-pien* sur les devoirs du
mariage, retrouver enfin cette considération dont
jouit l'épouse, qui, dans les classes élevées, n'est
point une esclave, comme on le croit généralement.
Aussi, Lé-ou, intelligente, instruite, comprenant
quelle place elle aurait à tenir dans la vie du riche
ennuyé et se sentant attirée vers lui par le désir
de lui prouver que le bonheur existe ici-bas, était
toute résignée à son nouveau sort.

Le savant, à sa mort, avait laissé la jeune veuve

dans une situation de fortune aisée, quoique médiocre. La maison de l'avenue Cha-Coua était donc modeste. L'insupportable Nan en composait tout le domestique, mais Lé-ou était faite à ses regrettables manières, qui ne sont point spéciales aux servantes de l'Empire des Fleurs.

C'était dans son boudoir que la jeune femme se tenait de préférence. L'ameublement en aurait semblé fort simple, n'eussent été les riches présents, qui, depuis deux grands mois, arrivaient de Shang-Haï. Quelques tableaux appendaient aux murs, entre autres un chef-d'œuvre du vieux peintre Huan-Tse-Nen [1], qui aurait accaparé l'attention des connaisseurs, au milieu d'aquarelles très chinoises, à chevaux verts, chiens violets et arbres bleus, dues à quelques artistes modernes du cru. Sur une table de laque se déployaient, comme

---

1. La renommée des grands maîtres s'est transmise jusqu'à nous par des traditions qui, pour être anecdotiques, n'en sont pas moins dignes d'attention. On rapporte, par exemple, qu'au troisième siècle un peintre, Tsao-Pouh-Ying, ayant fini un écran pour l'Empereur, s'amusa à y peindre çà et là quelques mouches, et eut la satisfaction de voir Sa Majesté prendre son mouchoir pour les chasser. Non moins célèbre était Huan-Tse-Nen, qui florissait vers l'an mille. Ayant été chargé des décorations murales d'une des salles du palais, il y peignit plusieurs faisans. Or, des envoyés étrangers qui apportaient des faucons en présent à l'Empereur, ayant été introduits dans cette salle, les oiseaux de proie ne virent pas plus tôt les faisans peints sur le mur, qu'ils s'élancèrent sur eux au détriment de leur tête plus qu'à la satisfaction de leur instinct vorace. »
J. THOMPSON. (*Voyage en Chine*.)

de grands papillons aux ailes étendues, des éven-
tails venus de la célèbre école de Swatow. D'une
suspension de porcelaine s'échappaient d'élégants
festons de ces fleurs artificielles, si admirablement
fabriquées avec la moelle de l'« Arabia papyrifera »
de l'île de Formose, et qui rivalisaient avec les
blancs nénuphars, les jaunes chrysanthèmes et les
lis rouges du Japon, dont regorgeaient des jar-
dinières en bois finement fouillé. Sur tout cet
ensemble, les nattes de bambous tressés des fenêtres ne laissaient passer qu'une lumière adoucie,
et tamisaient, en les égrenant pour ainsi dire, les
rayons solaires. Un magnifique écran, fait de
grandes plumes d'épervier, dont les taches, artistement disposées, figuraient une large pivoine —
cet emblème de la beauté dans l'Empire des
Fleurs —, deux volières en forme de pagode,
véritables kaléidoscopes des plus éclatants oiseaux
de l'Inde, quelques « tiémaols » éoliens, dont les
plaques de verre vibraient sous la brise, mille
objets enfin auxquels se rattachait une pensée
de l'absent, complétaient la curieuse ornemen-
tation de ce boudoir.

« Pas encore de lettre, Nan ?

— Eh non ! madame ! pas encore ! »

C'était une charmante jeune femme que cette
jeune Lé-ou. Jolie, même pour des yeux européens,
blanche et non jaune, elle avait de doux yeux se
relevant à peine vers les tempes, des cheveux

noirs ornés de quelques fleurs de pêcher fixées par des épingles de jade vert, des dents petites et blanches, des sourcils à peine estompés d'une fine touche d'encre de Chine. Elle ne mettait ni crépi de miel et de blanc d'Espagne sur ses joues, ainsi que le font généralement les beautés du Céleste Empire, ni rond de carmin sur sa lèvre inférieure, ni petite raie verticale entre les deux yeux, ni aucune couche de ce fard, dont la cour impériale dépense annuellement pour dix millions de sapèques. La jeune veuve n'avait que faire de ces ingrédients artificiels. Elle sortait peu de sa maison de Cha-Coua, et, dès lors, pouvait dédaigner ce masque, dont toute femme chinoise fait· usage hors de chez elle.

Quant à la toilette de Lé-ou, rien de plus simple et de plus élégant. Une longue robe à quatre fentes, ourlée d'un large galon brodé, sous cette robe une jupe plissée, à la taille un plastron agrémenté de soutaches en filigranes d'or, un pantalon rattaché à la ceinture et se nouant sur la chaussette de soie nankin, de jolies pantoufles ornées de perles : il n'en fallait pas plus à la jeune veuve pour être charmante, si l'on ajoute que ses mains étaient fines et qu'elle conservait ses ongles, longs et rosés, dans de petits étuis d'argent, ciselés avec un art exquis.

Et ses pieds ? Eh bien, ses pieds étaient petits, non par suite de cette coutume de déformation

barbare qui tend heureusement à se perdre, mais
parce que la nature les avait faits tels. Cette mode
dure depuis sept cents ans déjà, et elle est probablement due à quelque princesse estropiée.
Dans son application la plus simple, opérant la
flexion de quatre orteils sous la plante, tout en
laissant le calcaneum intact, elle fait de la jambe
une sorte de tronc de cône, gêne absolument la
marche, prédispose à l'anémie et n'a pas même
pour raison d'être, comme on a pu le croire, la
jalousie des époux. Aussi s'en va-t-elle de jour en
jour, depuis la conquête tartare. Maintenant, on
ne compte pas trois Chinoises sur dix, ayant été
soumises dès le premier âge à cette suite d'opérations douloureuses, qui entraînent la déformation du pied.

« Il n'est pas possible qu'une lettre n'arrive
pas aujourd'hui ! dit encore Lé-ou. Voyez donc,
vieille mère.

— C'est tout vu ! » répondit fort irrespectueuse-
ment Mlle Nan, qui sortit de la chambre en grom-
melant.

Lé-ou voulut alors travailler pour se distraire
un peu. C'était encore penser à Kin-Fo, puisqu'elle
lui brodait une paire de ces chaussures d'étoffe,
dont la fabrication est presque uniquement réservée à la femme dans les ménages chinois, à quelque
classe qu'elle appartienne. Mais l'ouvrage lui
tomba bientôt des mains. Elle se leva, prit dans une

« C'est tout vu ! » répondit Mlle Nan. (Page 64.)

bonbonnière deux ou trois pastèques, qui craquè-
rent sous ses petites dents, puis elle ouvrit un livre,
le *Nushun,* ce code d'instructions dont toute honnête épouse doit faire sa lecture habituelle.

« De même que le printemps est pour le travail
la saison favorable, de même l'aube est le moment
le plus propice de la journée.

« Levez-vous de bonne heure, ne vous laissez
pas aller aux douceurs du sommeil.

« Soignez le mûrier et le chanvre.

« Filez avec zèle la soie et le coton.

« La vertu des femmes est dans l'activité et
l'économie.

« Les voisins feront votre éloge... »

Le livre se ferma bientôt. La tendre Lé-ou ne
songeait même pas à ce qu'elle lisait.

« Où est-il ? se demanda-t-elle. Il a dû aller à
Canton ! Est-il de retour à Shang-Haï ? Quand
arrivera-t-il à Péking ? La mer lui a-t-elle été
propice ? Que la déesse Koanine lui vienne en
aide ! »

Ainsi disait l'inquiète jeune femme. Puis, ses
yeux se portèrent distraitement sur un tapis de
table, artistement fait de mille petits morceaux
rapportés, une sorte de mosaïque d'étoffe à la
mode portugaise, où se dessinaient le canard
mandarin et sa famille, symbole de la fidélité.
Enfin elle s'approcha d'une jardinière et cueillit
une fleur au hasard.

« Ah! dit-elle, ce n'est pas la fleur du saule vert, emblème du printemps, de la jeunesse et de la joie! C'est le jaune chrysanthème, emblème de l'automne et de la tristesse! »

Elle voulut réagir contre l'anxiété qui, maintenant, l'envahissait tout entière. Son luth était là; ses doigts en firent résonner les cordes; ses lèvres murmurèrent les premières paroles du chant des « Mains-unies », mais elle ne put continuer.

« Ses lettres, pensait-elle, n'avaient pas de retard autrefois! Je les lisais, l'âme émue! Ou bien, au lieu de ces lignes qui ne s'adressaient qu'à mes yeux, c'était sa voix même que je pouvais entendre! Là, cet appareil me parlait comme s'il eût été près de moi! »

Et Lé-ou regardait un phonographe, posé sur un guéridon de laque, en tout semblable à celui dont Kin-Fo se servait à Shang-Haï. Tous deux pouvaient ainsi s'entendre ou plutôt entendre leurs voix, malgré la distance qui les séparait... Mais, aujourd'hui encore, comme depuis quelques jours, l'appareil restait muet et ne disait plus rien des pensées de l'absent.

En ce moment, la vieille mère entra.

« La voilà, votre lettre! » dit-elle.

Et Nan sortit, après avoir remis à Lé-ou une enveloppe timbrée de Shang-Haï.

Un sourire se dessina sur les lèvres de la jeune femme. Ses yeux brillèrent d'un plus vif éclat.

Elle déchira l'enveloppe, rapidement, sans prendre le temps de la contempler, ainsi qu'elle avait l'habitude de le faire...

Ce n'était point une lettre que contenait cette enveloppe, mais un de ces papiers à rainures obliques, qui, ajustés dans l'appareil phonographique, reproduisent toutes les inflexions de la voix humaine.

« Ah! j'aime encore mieux cela! s'écria joyeusement Léou. Je l'entendrai, au moins! »

Le papier fut placé sur le rouleau du phonographe, qu'un mouvement d'horlogerie fit aussitôt tourner, et Lé-ou, approchant son oreille, entendit une voix bien connue qui disait :

« Petite sœur cadette, la ruine a emporté mes richesses comme le vent d'est emporte les feuilles jaunies de l'automne! Je ne veux pas faire une misérable en l'associant à ma misère! Oubliez celui que dix mille malheurs ont frappé!

« Votre désespéré KIN-FO! »

Quel coup pour la jeune femme! Une vie plus amère que l'amère gentiane l'attendait maintenant. Oui! le vent d'or emportait ses dernières espérances avec la fortune de celui qu'elle aimait! L'amour que Kin-Fo avait pour elle s'était-il donc à jamais envolé! Son ami ne croyait-il qu'au bonheur que donne la richesse! Ah! pauvre

Lé-ou entendit : « Petite sœur cadette. » (Page 68.)

Lé-ou! Elle ressemblait maintenant au cerf-volant dont le fil casse, et qui retombe brisé sur le sol!

Nan, appelée, entra dans la chambre, haussa les épaules et transporta sa maîtresse sur son « hang »! Mais, bien que ce fût un de ces lits-poêles, chauffés artificiellement, combien sa couche parut froide à l'infortunée Lé-ou! Que les cinq veilles de cette nuit sans sommeil lui semblèrent longues à passer!

VI

QUI DONNERA PEUT-ÊTRE AU LECTEUR L'ENVIE D'ALLER FAIRE UN TOUR DANS LES BUREAUX DE « LA CENTENAIRE »

Le lendemain, Kin-Fo, dont le dédain pour les choses de ce monde ne se démentit pas un instant, quitta seul son habitation. De son pas toujours égal, il descendit la rive droite du Creek. Arrivé au pont de bois, qui met la concession anglaise en communication avec la concession américaine, il traversa la rivière et se dirigea vers une maison d'assez belle apparence, élevée entre l'église des Missions et le consulat des États-Unis.

Au fronton de cette maison se développait une large plaque de cuivre, sur laquelle apparaissait cette inscription en lettres tumulaires :

LA CENTENAIRE,

Compagnie d'assurances sur la vie.

Capital de garantie : 20 millions de dollars.

Agent principal : WILLIAM J. BIDULPH.

Kin-Fo poussa la porte, que défendait un second battant capitonné, et se trouva dans un bureau, divisé en deux compartiments par une simple balustrade à hauteur d'appui. Quelques carton-niers, des livres à fermoirs de nickel, une caisse américaine à secrets se défendant d'elle-même, deux ou trois tables où travaillaient les commis de l'agence, un secrétaire compliqué, réservé à l'honorable William J. Bidulph, tel était l'ameuble-ment de cette pièce, qui semblait appartenir à une maison du Broadway, et non à une habitation bâtie sur les bords du Wousung.

William J. Bidulph était l'agent principal, en Chine, de la compagnie d'assurances contre l'incen-die et sur la vie, dont le siège social se trouvait à Chicago. La Centenaire — un bon titre et qui devait attirer les clients —, la Centenaire, très renommée aux États-Unis, possédait des succursales et des représentants dans les cinq parties du monde. Elle faisait des affaires énormes et excellentes, grâce à ses statuts, très hardiment et très libéralement consti-tués, qui l'autorisaient à assurer tous les risques.

Aussi, les Célestials commençaient-ils à suivre ce moderne courant d'idées, qui remplit les caisses des compagnies de ce genre. Grand nombre de maisons de l'Empire du Milieu étaient garanties contre l'incendie, et les contrats d'assurances en cas de mort, avec les combinaisons multiples qu'ils comportent, ne manquaient pas de signatures chinoises. La plaque de la Centenaire s'écartelait déjà au fronton des portes shanghaïennes, et, entre autres, sur les pilastres du riche yamen de Kin-Fo. Ce n'était donc pas dans l'intention de s'assurer contre l'incendie, que l'élève de Wang venait rendre visite à l'honorable William J. Bidulph.

« Monsieur Bidulph ? » demanda-t-il en entrant.

William J. Bidulph était là, « en personne », comme un photographe qui opère lui-même, toujours à la disposition du public, — un homme de cinquante ans, correctement vêtu de noir, en habit, en cravate blanche, toute sa barbe, moins les moustaches, l'air bien américain.

« A qui ai-je l'honneur de parler ? demanda William J. Bidulph.

— A monsieur Kin-Fo, de Shang-Haï.

— Monsieur Kin-Fo !... un des clients de la Centenaire... police numéro vingt-sept mille deux cent...

— Lui-même.

— Serais-je assez heureux, monsieur, pour que vous eussiez besoin de mes services ?

— Je désirerais vous parler en particulier », répondit Kin-Fo.

La conversation entre ces deux personnes

devait se faire d'autant plus facilement, que William J. Bidulph parlait aussi bien le chinois que Kin-Fo parlait l'anglais.

Le riche client fut donc introduit, avec les égards qui lui étaient dus, dans un cabinet, tendu de sourdes tapisseries, fermé de doubles portes, où l'on eût pu comploter le renversement de la dynastie des Tsing, sans crainte d'être entendu des plus fins tipaos du Céleste Empire.

« Monsieur, dit Kin-Fo, dès qu'il se fut assis dans une chaise à bascule, devant une cheminée chauffée au gaz, je désirerais traiter avec votre Compagnie, et faire assurer à mon décès le paiement d'un capital dont je vous indiquerai tout à l'heure le montant.

— Monsieur, répondit William J. Bidulph, rien de plus simple. Deux signatures, la vôtre et la mienne, au bas d'une police, et l'assurance sera faite, après quelques formalités préliminaires. Mais, monsieur... permettez-moi cette question... vous avez donc le désir de ne mourir qu'à un âge très avancé, désir bien naturel d'ailleurs ?

— Pourquoi ? demanda Kin-Fo. Le plus ordinairement, l'assurance sur la vie indique chez l'assuré la crainte qu'une mort trop prochaine...

— Oh ! monsieur ! répondit William J. Bidulph le plus sérieusement du monde, cette crainte ne se produit jamais chez les clients de la Centenaire ! Son nom ne l'indique-t-il pas ? S'assurer chez nous, c'est prendre un brevet de longue vie ! Je vous demande pardon, mais il est rare que nos assurés ne dépassent pas la centaine... très rare... très rare !... Dans leur intérêt, nous devrions leur arracher la vie ! Aussi, faisons-nous des affaires superbes ! Donc, je vous préviens, monsieur, s'assurer à la Centenaire, c'est la quasi-certitude d'en devenir un soi-même !

— Ah ! » fit tranquillement Kin-Fo, en regardant de son œil froid William J. Bidulph.

L'agent principal, sérieux comme un ministre, n'avait aucunement l'air de plaisanter.

« Quoi qu'il en soit, reprit Kin-Fo, je désire me faire assurer pour deux cent mille dollars [1].

— Nous disons un capital de deux cent mille dollars », répondit William J. Bidulph.

Et il inscrivit sur un carnet ce chiffre, dont l'importance ne le fit pas même sourciller.

« Vous savez, ajouta-t-il, que l'assurance est de nul effet, et que toutes les primes payées, quel qu'en soit le nombre, demeurent acquises à la Compagnie, si la personne sur la tête de laquelle repose l'assurance perd la vie par le fait du bénéficiaire du contrat ?

— Je le sais.

— Et quels risques prétendez-vous assurer, mon cher monsieur ?

1. Un million de francs.

— Tous.

— Les risques de voyage par terre ou par mer, et ceux de séjour hors des limites du Céleste Empire ?

— Oui.

— Les risques de condamnation judiciaire ?

— Oui.

— Les risques de duel ?

— Oui.

— Les risques de service militaire ?

— Oui.

— Alors les surprimes seront fort élevées ?

— Je paierai ce qu'il faudra.

— Soit.

— Mais, ajouta Kin-Fo, il y a un autre risque très important, dont vous ne parlez pas.

— Lequel ?

— Le suicide. Je croyais que les statuts de la Centenaire l'autorisaient à assurer aussi le suicide ?

— Parfaitement, monsieur, parfaitement, répondit William J. Bidulph, qui se frottait les mains. C'est même là une source de superbes bénéfices pour nous ! Vous comprenez bien que nos clients sont généralement des gens qui tiennent à la vie, et que ceux qui, par une prudence exagérée, assurent le suicide, ne se tuent jamais.

— N'importe, répondit Kin-Fo. Pour des raisons personnelles, je désire assurer aussi ce risque.

— A vos souhaits, mais la prime sera considérable !

— Je vous répète que je paierai ce qu'il faudra.

— Entendu. — Nous disons donc, dit William J. Bidulph, en continuant d'écrire sur son carnet, risques de mer, de voyage, de suicide...

— Et, dans ces conditions, quel sera le montant de la prime à payer ? demanda Kin-Fo.

— Mon cher monsieur, répondit l'agent principal, nos primes sont établies avec une justesse mathématique, qui est tout à l'honneur de la Compagnie. Elles ne sont plus basées, comme elles l'étaient autrefois, sur les tables de Duvillars... Connaissez-vous Duvillars ?

— Je ne connais pas Duvillars.

— Un statisticien remarquable, mais déjà ancien... tellement ancien, même, qu'il est mort. A l'époque où il établit ses fameuses tables, qui servent encore à l'échelle de primes de la plupart des compagnies européennes, très arriérées, la moyenne de la vie était inférieure à ce qu'elle est présentement, grâce au progrès de toutes choses. Nous nous basons donc sur une moyenne plus élevée, et par conséquent plus favorable à l'assuré, qui paie moins cher et vit plus longtemps...

— Quel sera le montant de ma prime ? reprit Kin-Fo, désireux d'arrêter le verbeux agent, qui ne négligeait aucune occasion de placer ce boniment en faveur de la Centenaire.

« Connaissez-vous Duvillars ? »

— Monsieur, répondit William J. Bidulph, j'aurai l'indiscrétion de vous demander quel est votre âge ?

— Trente et un ans.

— Eh bien, à trente et un ans, s'il ne s'agissait que d'assurer les risques ordinaires, vous paieriez, dans toute compagnie, deux quatre-vingt-trois pour cent. Mais, à la Centenaire, ce ne sera que deux soixante-dix, ce qui fera annuellement, pour un capital de deux cent mille dollars, cinq mille quatre cents dollars.

— Et dans les conditions que je désire ? dit Kin-Fo.

— En assurant tous les risques, y compris le suicide ?...

— Le suicide surtout.

— Monsieur, répondit d'un ton aimable William J. Bidulph, après avoir consulté une table imprimée à la dernière page de son carnet, nous ne pouvons pas vous passer cela à moins de vingt-cinq pour cent.

— Ce qui fera ?...

— Cinquante mille dollars.

— Et comment la prime doit-elle vous être versée ?

— Tout entière ou fractionnée par mois, au gré de l'assuré.

— Ce qui donnerait pour les deux premiers mois ?...

— Huit mille trois cent trente-deux dollars,

qui, s'ils étaient versés aujourd'hui 30 avril, mon cher monsieur, vous couvriraient jusqu'au 30 juin de la présente année.

— Monsieur, dit Kin-Fo, ces conditions me conviennent. Voici les deux premiers mois de la prime. »

Et il déposa sur la table une épaisse liasse de dollars-papiers qu'il tira de sa poche.

« Bien... monsieur... très bien ! répondit William J. Bidulph. Mais, avant de signer la police, il y a une formalité à remplir.

— Laquelle ?

— Vous devez recevoir la visite du médecin de la Compagnie.

— A quel propos cette visite ?

— Afin de constater si vous êtes solidement constitué, si vous n'avez aucune maladie organique qui soit de nature à abréger votre vie, si vous nous donnez des garanties de longue existence

— A quoi bon ! puisque j'assure même le duel et le suicide, fit observer Kin-Fo.

— Eh ! mon cher monsieur, répondit William J. Bidulph, toujours souriant, une maladie dont vous auriez le germe, et qui vous emporterait dans quelques mois, nous coûterait bel et bien deux cent mille dollars !

— Mon suicide vous les coûterait aussi, je suppose !

— Cher monsieur, répondit le gracieux agent

principal, en prenant la main de Kin-Fo qu'il tapota doucement, j'ai déjà eu l'honneur de vous dire que beaucoup de nos clients assurent le suicide, mais qu'ils ne se suicident jamais. D'ailleurs, il ne nous est pas défendu de les faire surveiller... Oh! avec la plus grande discrétion!

— Ah! fit Kin-Fo.

— J'ajoute, comme une remarque qui m'est personnelle, que, de tous les clients de la Centenaire, ce sont précisément ceux-là qui lui paient le plus longtemps leur prime. Voyons, entre nous, pourquoi le riche monsieur Kin-Fo se suiciderait-il?

— Et pourquoi le riche monsieur Kin-Fo s'assurerait-il?

— Oh! répondit William J. Bidulph, pour avoir la certitude de vivre très vieux, en sa qualité de client de la Centenaire! »

Il n'y avait pas à discuter plus longuement avec l'agent principal de la célèbre compagnie. Il était tellement sûr de ce qu'il disait!

« Et maintenant, ajouta-t-il, au profit de qui sera faite cette assurance de deux cent mille dollars? Quel sera le bénéficiaire du contrat?

— Il y aura deux bénéficiaires, répondit Kin-Fo.

— A parts égales?

— Non, à parts inégales. L'un pour cinquante mille dollars, l'autre pour cent cinquante mille.

— Nous disons pour cinquante mille, monsieur...

— Wang.

— Le philosophe Wang ?

— Lui-même.

— Et pour les cent cinquante mille ?

— Mme Lé-ou, de Péking.

— De Péking », ajouta William J. Bidulph, en finissant d'inscrire les noms des ayants droit. Puis il reprit :

« Quel est l'âge de Mme Lé-ou ?

— Vingt et un ans, répondit Kin-Fo.

— Oh ! fit l'agent, voilà une jeune dame qui sera bien vieille, quand elle touchera le montant du capital assuré !

— Pourquoi, s'il vous plaît ?

— Parce que vous vivrez plus de cent ans, mon cher monsieur. Quant au philosophe Wang ?...

— Cinquante-cinq ans !

— Eh bien, cet aimable homme est sûr, lui, de ne jamais rien toucher !

— On le verra bien, monsieur !

— Monsieur, répondit William J. Bidulph, si j'étais à cinquante-cinq ans l'héritier d'un homme de trente et un, qui doit mourir centenaire, je n'aurais pas la simplicité de compter sur son héritage.

— Votre serviteur, monsieur, dit Kin-Fo, en se dirigeant vers la porte du cabinet.

— Bien le vôtre ! » répondit l'honorable William J. Bidulph, qui s'inclina devant le nouveau client de la Centenaire.

Le lendemain, le médecin de la Compagnie avait fait à Kin-Fo la visite réglementaire. « Corps de fer, muscles d'acier, poumons en soufflets d'orgues », disait le rapport. Rien ne s'opposait à ce que la Compagnie traitât avec un assuré aussi solidement établi. La police fut donc signée à cette date par Kin-Fo d'une part, au profit de la jeune veuve et du philosophe Wang, et, de l'autre, par William J. Bidulph, représentant de la Compagnie.

Ni Lé-ou ni Wang, à moins de circonstances improbables, ne devaient jamais apprendre ce que Kin-Fo venait de faire pour eux, avant le jour où la Centenaire serait mise en demeure de leur verser ce capital, dernière générosité de l'ex-millionnaire.

VII

QUI SERAIT FORT TRISTE, S'IL NE S'AGISSAIT D'US ET COUTUMES PARTICULIERS AU CÉLESTE EMPIRE.

QUOI QU'EÛT pu dire et penser l'honorable William J. Bidulph, la caisse de la Centenaire était très sérieusement menacée dans ses fonds. En effet, le plan de Kin-Fo n'était pas de ceux dont, réflexion faite, on remet indéfiniment l'exécution. Complètement ruiné, l'élève de Wang avait formellement résolu d'en finir avec une existence qui, même au temps de sa richesse, ne lui laissait que tristesse et ennuis.

La lettre remise par Soun, huit jours après son arrivée, venait de San Francisco. Elle mandait la suspension de paiement de la Centrale Banque Californienne. Or, la fortune de Kin-Fo se composait en presque totalité, on le sait, d'actions de cette banque célèbre, si solide jusque-là. Mais, il n'y avait pas à douter. Si invraisemblable que pût paraître cette nouvelle, elle n'était malheureusement que trop vraie. La suspension de paiements de la Centrale Banque Californienne venait d'être confirmée par les journaux arrivés à Shang-Haï. La faillite avait été prononcée, et ruinait Kin-Fo de fond en comble.

En effet, en dehors des actions de cette banque, que lui restait-il ? Rien ou presque rien. Son habitation de Shang-Haï, dont la vente, presque irréalisable, ne lui eût procuré que d'insuffisantes ressources. Les huit mille dollars versés en prime dans la caisse de la Centenaire, quelques actions de la Compagnie des bateaux de Tien-Tsin, qui, vendues le jour même, lui fournirent à peine de quoi faire convenablement les choses *in extremis*, c'était maintenant toute sa fortune.

Un Occidental, un Français, un Anglais eût peut-être pris philosophiquement cette existence nouvelle et cherché à refaire sa vie dans le travail.

Un Célestial devait se croire en droit de penser et d'agir tout autrement. C'était la mort volontaire que Kin-Fo, en véritable Chinois, allait, sans trouble de conscience, prendre comme moyen de se tirer d'affaire, et avec cette typique indifférence qui caractérise la race jaune.

Le Chinois n'a qu'un courage passif, mais, ce courage, il le possède au plus haut degré. Son indifférence pour la mort est vraiment extraordinaire. Malade, il la voit venir sans faiblesse. Condamné, déjà entre les mains du bourreau, il ne manifeste aucune crainte. Les exécutions publiques si fréquentes, la vue des horribles supplices que comporte l'échelle pénale dans le Céleste Empire, ont de bonne heure familiarisé les Fils du Ciel avec l'idée d'abandonner sans regret les choses de ce monde.

Aussi, ne s'étonnera-t-on pas que, dans toutes les familles, cette pensée de la mort soit à l'ordre du jour et fasse le sujet de bien des conversations. Elle n'est absente d'aucun des actes les plus ordinaires de la vie. Le culte des ancêtres se retrouve jusque chez les plus pauvres gens. Pas une habitation riche où l'on n'ait réservé une sorte de sanctuaire domestique, pas une cabane misérable où un coin n'ait été gardé aux reliques des aïeux, dont la fête se célèbre au deuxième mois. Voilà pourquoi on trouve, dans le même magasin où se vendent des lits d'enfants nouveau-nés et des corbeilles de mariage, un assortiment varié de cercueils, qui forment un article courant du commerce chinois.

L'achat d'un cercueil est, en effet, une des constantes préoccupations des Célestials. Le mobilier serait incomplet si la bière manquait à la maison paternelle. Le fils se fait un devoir de l'offrir de son vivant à son père. C'est une touchante preuve de tendresse. Cette bière est déposée dans une chambre spéciale. On l'orne, on l'entretient, et, le plus souvent, quand elle a déjà reçu la dépouille mortelle, elle est conservée pendant de longues années avec un soin pieux. En somme, le respect pour les morts fait le fond de la religion chinoise, et contribue à rendre plus étroits les liens de la famille.

Donc, Kin-Fo, plus que tout autre, grâce à son tempérament, devait envisager avec une parfaite tranquillité la pensée de mettre fin à ses jours. Il avait assuré le sort des deux êtres auxquels revenait son affection. Que pouvait-il regretter maintenant! Rien. Le suicide ne devait pas même lui causer un remords. Ce qui est un crime dans les pays civilisés d'Occident, n'est plus qu'un acte légitime, pour ainsi dire, au milieu de cette civilisation bizarre de l'Asie orientale.

Le parti de Kin-Fo était donc bien pris, et aucune influence n'aurait pu le détourner de mettre son projet à exécution, pas même l'influence du philosophe Wang.

Au surplus, celui-ci ignorait absolument les desseins de son élève. Soun n'en savait pas davantage et n'avait remarqué qu'une chose, c'est que, depuis son retour, Kin-Fo se montrait plus endurant pour ses sottises quotidiennes.

Décidément, Soun revenait sur son compte, il n'aurait pu trouver un meilleur maître, et, maintenant, sa précieuse queue frétillait sur son dos dans une sécurité toute nouvelle.

Un dicton chinois dit :

« Pour être heureux sur terre, il faut vivre à Canton et mourir à Liao-Tchéou. »

C'est à Canton, en effet, que l'on trouve toutes les opulences de la vie, et c'est à Liao-Tchéou que se fabriquent les meilleurs cercueils.

Kin-Fo ne pouvait manquer de faire sa commande dans la bonne maison, de manière que son dernier lit de repos arrivât à temps. Être correctement couché pour le suprême sommeil est la constante préoccupation de tout Célestial qui sait vivre.

En même temps, Kin-Fo fit acheter un coq blanc, dont la propriété, comme on sait, est de s'incarner les esprits qui voltigent et saisiraient au passage un des sept éléments dont se compose une âme chinoise.

On voit que si l'élève du philosophe Wang se montrait indifférent aux détails de la vie, il l'était moins pour ceux de la mort.

Cela fait, il n'avait plus qu'à rédiger le programme de ses funérailles. Donc, ce jour même,
une belle feuille de ce papier, dit papier de riz
— à la confection duquel le riz est parfaitement
étranger —, reçut les dernières volontés de Kin-Fo.

Après avoir légué à la jeune veuve sa maison
de Shang-Haï, et à Wang un portrait de l'empereur
Taï-ping, que le philosophe regardait toujours
avec complaisance — le tout sans préjudice des
capitaux assurés par la Centenaire —, Kin-Fo
traça d'une main ferme l'ordre et la marche des
personnages qui devaient assister à ses obsèques.

D'abord, à défaut de parents, qu'il n'avait plus,
une partie des amis qu'il avait encore devaient
figurer en tête du cortège, tous vêtus de blanc,
qui est la couleur de deuil dans le Céleste Empire.
Le long des rues, jusqu'au tombeau élevé depuis
longtemps dans la campagne de Shang-Haï, se
déploierait une double rangée de valets d'enterrement, portant différents attributs, parasols
bleus, hallebardes, mains de justice, écrans de
soie, écriteaux avec le détail de la cérémonie, les-
dits valets habillés d'une tunique noire à ceinture blanche, et coiffés d'un feutre noir à aigrette
rouge. Derrière le premier groupe d'amis, marche-
rait un guide, écarlate des pieds à la tête, battant
le gong, et précédant le portrait du défunt, couché
dans une sorte de châsse richement décorée. Puis
viendrait un second groupe d'amis, de ceux qui

doivent s'évanouir à intervalles réguliers sur des coussins préparés pour la circonstance. Enfin, un dernier groupe de jeunes gens, abrités sous un dais bleu et or, sèmerait le chemin de petits morceaux de papier blanc, percés d'un trou comme des sapèques, et destinés à distraire les mauvais esprits qui seraient tentés de se joindre au convoi.

Alors apparaîtrait le catafalque, énorme palanquin tendu d'une soie violette, brodée de dragons d'or, que cinquante valets porteraient sur leurs épaules, au milieu d'un double rang de bonzes. Les prêtres chasublés de robes grises, rouges et jaunes, récitant les dernières prières, alterneraient avec le tonnerre des gongs, le glapissement des flûtes et l'éclatante fanfare des trompes longues de six pieds.

A l'arrière, enfin, les voitures de deuil, drapées de blanc, fermeraient ce somptueux convoi, dont les frais devraient absorber les dernières ressources de l'opulent défunt.

En somme, ce programme n'offrait rien d'extraordinaire. Bien des enterrements de cette « classe » circulent dans les rues de Canton, de Shang-Haï ou de Péking, et les Célestials n'y voient qu'un hommage naturel rendu à la personne de celui qui n'est plus.

Le 20 octobre, une caisse, expédiée de Liao-Tchéou, arriva à l'adresse de Kin-Fo, en son

Alors apparaît le catafalque. (Page 88.)

habitation de Shang-Haï. Elle contenait, soigneusement emballé, le cercueil commandé pour la
circonstance. Ni Wang, ni Soun, ni aucun des
domestiques du yamen n'eut lieu d'être surpris.
On le répète, pas un Chinois qui ne tienne à
posséder de son vivant le lit dans lequel on le
couchera pour l'éternité.

Ce cercueil, un chef-d'œuvre du fabricant de
Liao-Tchéou, fut placé dans la « chambre des
ancêtres ». Là, brossé, ciré, astiqué, il eût attendu
longtemps, sans doute, le jour où l'élève du philosophe Wang l'aurait utilisé pour son propre
compte... Il n'en devait pas être ainsi. Les jours
de Kin-Fo étaient comptés, et l'heure était proche,
qui devait le reléguer dans la catégorie des aïeux
de la famille.

En effet, c'était le soir même que Kin-Fo avait
définitivement résolu de quitter la vie.

Une lettre de la désolée Lé-ou arriva dans la
journée.

La jeune veuve mettait à la disposition de Kin-Fo
le peu qu'elle possédait. La fortune n'était rien
pour elle! Elle saurait s'en passer! Elle l'aimait!
Que lui fallait-il de plus! Ne sauraient-ils être
heureux dans une situation plus modeste?

Cette lettre, empreinte de la plus sincère affection, ne put modifier les résolutions de Kin-Fo.

« Ma mort seule peut l'enrichir », pensa-t-il.

Restait à décider où et comment s'accomplirait

cet acte suprême. Kin-Fo éprouvait une sorte de plaisir à régler ces détails. Il espérait bien qu'au dernier moment, une émotion, si passagère qu'elle dût être, lui ferait battre le cœur!

Dans l'enceinte du yamen s'élevaient quatre jolis kiosques, décorés avec toute la fantaisie qui distingue le talent des ornemanistes chinois. Ils portaient des noms significatifs : le pavillon du « Bonheur », où Kin-Fo n'entrait jamais ; le pavillon de la « Fortune », qu'il ne regardait qu'avec le plus profond dédain ; le pavillon du « Plaisir », dont les portes étaient depuis long-temps fermées pour lui ; le pavillon de « Longue Vie », qu'il avait résolu de faire abattre !

Ce fut celui-là que son instinct le porta à choisir. Il résolut de s'y enfermer à la nuit tombante. C'est là qu'on le retrouverait le lendemain, déjà heureux dans la mort.

Ce point décidé, comment mourrait-il ? Se fendre le ventre comme un Japonais, s'étrangler avec la ceinture de soie comme un mandarin, s'ouvrir les veines dans un bain parfumé, comme un épicurien de la Rome antique ? Non. Ces procédés auraient eu tout d'abord quelque chose de brutal, de désobligeant pour ses amis et pour ses ser-viteurs. Un ou deux grains d'opium mélangé d'un poison subtil devaient suffire à le faire passer de ce monde à l'autre, sans qu'il en eût même conscience, emporté peut-être dans un de ces rêves qui transforment le sommeil passager en sommeil éternel.

Le soleil commençait déjà à s'abaisser sur l'horizon. Kin-Fo n'avait plus que quelques heures à vivre. Il voulut revoir, dans une dernière promenade, la campagne de Shang-Haï et ces rives du Houang-Pou sur lesquelles il avait si souvent promené son ennui. Seul, sans avoir même entrevu Wang pendant cette journée, il quitta le yamen pour y entrer une fois encore et n'en plus jamais sortir.

Le territoire anglais, le petit pont jeté sur le creek, la concession française, furent traversés par lui de ce pas indolent qu'il n'éprouvait même pas le besoin de presser à cette heure suprême. Par le quai qui longe le port indigène, il contourna la muraille de Shang-Haï jusqu'à la cathédrale catholique romaine, dont la coupole domine le faubourg méridional. Alors, il inclina vers la droite et remonta tranquillement le chemin qui conduit à la pagode de Loung-Hao.

C'était la vaste et plate campagne, se développant jusqu'à ces hauteurs ombragées qui limitent la vallée du Min, immenses plaines marécageuses, dont l'industrie agricole a fait des rizières. Ici et là, un lacis de canaux que remplissait la haute mer, quelques villages misérables dont les huttes de roseaux étaient tapissées d'une boue jaunâtre, deux ou trois champs de blé surélevés pour être à l'abri des eaux. Le long des étroits sentiers, un grand nombre de chiens, de chevreaux blancs, de canards et d'oies, s'enfuyaient à toutes pattes ou à tire-d'aile, lorsque quelque passant venait troubler leurs ébats.

Cette campagne, richement cultivée, dont l'aspect ne pouvait étonner un indigène, aurait cependant attiré l'attention et peut-être provoqué la répulsion d'un étranger. Partout, en effet, des cercueils s'y montraient par centaines. Sans parler des monticules dont le tertre recouvrait les morts définitivement enterrés, on ne voyait que des piles de boîtes oblongues, des pyramides de bières, étagées comme les madriers d'un chantier de construction. La plaine chinoise, aux abords des villes, n'est qu'un vaste cimetière. Les morts encombrent le territoire, aussi bien que les vivants. On prétend qu'il est interdit d'enterrer ces cercueils, tant qu'une même dynastie occupe le trône du Fils du Ciel, et ces dynasties durent des siècles ! Que l'interdiction soit vraie ou non, il est certain que les cadavres, couchés dans leurs bières, celles-ci peintes de vives couleurs, celles-là sombres et modestes, les unes neuves et pimpantes, les autres tombant déjà en poussière, attendent pendant des années le jour de la sépulture.

Kin-Fo n'en était plus à s'étonner de cet état de choses. Il allait, d'ailleurs, en homme qui ne regarde pas autour de lui. Deux étrangers, vêtus

La plaine chinoise n'est qu'un vaste cimetière. (Page 93.)

à l'européenne, qui l'avaient suivi depuis sa
sortie du yamen, n'attirèrent même pas son attention. Il ne les vit pas, bien que ceux-ci semblassent
ne point vouloir le perdre de vue. Ils se tenaient
à quelque distance, suivant Kin-Fo quand celui-ci
marchait, s'arrêtant dès qu'il suspendait sa marche.
Parfois, ils échangeaient entre eux certains regards,
deux ou trois paroles, et, bien certainement,
ils étaient là pour l'épier. De taille moyenne,
n'ayant pas dépassé trente ans, lestes, bien décou-
plés, on eût dit deux chiens d'arrêt à l'œil vif,
aux jambes rapides.

Kin-Fo, après avoir fait une lieue environ dans
la campagne, revint sur ses pas, afin de regagner
les rives du Houang-Pou.

Les deux limiers rebroussèrent aussitôt chemin.

Kin-Fo, en revenant, rencontra deux ou trois
mendiants du plus misérable aspect, et leur fit
l'aumône.

Plus loin, quelques Chinoises chrétiennes — de
celles qui ont été formées à ce métier de dévouement par les sœurs de charité françaises — croisèrent la route. Elles allaient, une hotte sur le
dos, et dans ces hottes rapportaient à la maison des crèches, de pauvres êtres abandonnés.
On les a justement nommées « les chiffonnières
d'enfants » ! Et ces petits malheureux sont-ils
autre chose que des chiffons jetés au coin des
bornes !

Kin-Fo vida sa bourse dans la main de ces charitables sœurs.

Les deux étrangers parurent assez surpris de cet acte de la part d'un Célestial.

Le soir était venu. Kin-Fo, de retour aux murs de Shang-Haï, reprit la route du quai.

La population flottante ne dormait pas encore. Cris et chants éclataient de toutes parts.

Kin-Fo écouta. Il lui plaisait de savoir quelles seraient les dernières paroles qu'il lui serait donné d'entendre.

Une jeune Tankadère, conduisant son sampan à travers les sombres eaux de Houang-Pou, chantait ainsi :

> Ma barque, aux fraîches couleurs,
>   Est parée
> De mille et dix mille fleurs.
> Je l'attends, l'âme enivrée !
> Il doit revenir demain !
> Dieu bleu veille ! Que ta main
> A son retour le protège,
> Et fais que son long chemin
>   S'abrège !

« Il reviendra demain ! Et moi, où serais-je, demain ? » pensa Kin-Fo en secouant la tête.

La jeune Tankadère reprit :

> Il est allé loin de nous,
>   J'imagine,
> Jusqu'au pays des Mantchoux,
> Jusqu'aux murailles de Chine !

Une jeune Tankadère... (Page 96.)

> Ah! que mon cœur, souvent,
> Tressaillait, lorsque le vent,
> Se déchaînant, faisait rage,
> Et qu'il s'en allait, bravant
>   L'orage!

Kin-Fo écoutait toujours et ne dit rien, cette fois. La Tankadère finit ainsi :

> Qu'as-tu besoin de courir
>   La fortune ?
> Loin de moi veux-tu mourir ?
> Voici la troisième lune !
> Viens! Le bonze nous attend
> Pour unir au même instant
> Les deux phénix, nos emblèmes [1]!
> Viens! Reviens! Je t'aime tant,
>   Et tu m'aimes!

« Oui! peut-être! murmura Kin-Fo, la richesse n'est-elle pas tout en ce monde! Mais la vie ne vaut pas qu'on essaie! »

Une demi-heure après, Kin-Fo rentrait à son habitation. Les deux étrangers, qui l'avaient suivi jusque-là, durent s'arrêter.

Kin-Fo, tranquillement, se dirigea vers le kiosque de « Longue Vie », en ouvrit la porte, la referma, et se trouva seul dans un petit salon, doucement éclairé par la lumière d'une lanterne à verres dépolis.

1. Les deux phénix sont l'emblème du mariage dans le Céleste Empire.

Sur une table, faite d'un seul morceau de jade, se trouvait un coffret, contenant quelques grains d'opium, mélangés d'un poison mortel, un « en-cas » que le riche ennuyé avait toujours sous la main.

Kin-Fo prit deux de ces grains, les introduisit dans une de ces pipes de terre rouge dont se servent habituellement les fumeurs d'opium, puis il se disposa à l'allumer.

« Eh! quoi! dit-il, pas même une émotion, au moment de m'endormir pour ne plus me réveiller! »

Il hésita un instant.

« Non! s'écria-t-il, en jetant la pipe, qui se brisa sur le parquet. Je la veux, cette suprême émotion, ne fût-ce que celle de l'attente!... Je la veux! Je l'aurai! »

Et, quittant le kiosque, Kin-Fo, d'un pas plus pressé que d'ordinaire, se dirigea vers la chambre de Wang.

VIII

OÙ KIN-FO FAIT A WANG UNE PROPOSITION SÉRIEUSE
QUE CELUI-CI ACCEPTE NON MOINS SÉRIEUSEMENT.

Le philosophe n'était pas encore couché. Étendu sur un divan, il lisait le dernier numéro de la *Gazette de*

Péking. Lorsque ses sourcils se contractaient, c'est que, très certainement, le journal adressait quelque compliment à la dynastie régnante des Tsing.

Kin-Fo poussa la porte, entra dans la chambre, se jeta sur un fauteuil, et, sans autre préambule :

« Wang, dit-il, je viens te demander un service.

— Dix mille services! répondit le philosophe, en laissant tomber le journal officiel. Parle, parle, mon fils, sans crainte, et, quels qu'ils soient, je te les rendrai!

— Le service que j'attends, dit Kin-Fo, est de ceux qu'un ami ne peut rendre qu'une fois. Après celui-là, Wang, je te tiendrai quitte des neuf mille neuf cent quatre-vingt-dix-neuf autres, et j'ajoute que tu ne devras même pas attendre un remerciement de ma part.

— Le plus habile explicateur des choses inexplicables ne te comprendrait pas. De quoi s'agit-il?

— Wang, dit Kin-Fo, je suis ruiné.

— Ah! ah! dit le philosophe du ton d'un homme auquel on apprend plutôt une bonne nouvelle qu'une mauvaise.

— La lettre que j'ai trouvée ici à notre retour de Canton, reprit Kin-Fo, me mandait que la Centrale Banque Californienne était en faillite. En dehors de ce yamen et d'un millier de dollars, qui peuvent me faire vivre un ou deux mois encore, il ne me reste plus rien.

— Ainsi, demanda Wang, après avoir bien

regardé son élève, ce n'est plus le riche Kin-Fo qui me parle ?

— C'est le pauvre Kin-Fo, que la pauvreté n'effraie aucunement d'ailleurs.

— Bien répondu, mon fils, dit le philosophe en se levant. Je n'aurai donc pas perdu mon temps et mes peines à t'enseigner la sagesse ! Jusqu'ici, tu n'avais que végété sans goût, sans passions, sans luttes ! Tu vas vivre maintenant ! L'avenir est changé ! Qu'importe ! a dit Confucius, et le Talmud après lui, il arrive toujours moins de malheurs qu'on ne craint ! Nous allons donc enfin gagner notre riz de chaque jour. Le *Nun-Schum* nous l'apprend : « Dans la vie, il y a des « hauts et des bas ! La roue de la Fortune tourne « sans cesse, et le vent du printemps est variable ! « Riche ou pauvre, sache accomplir ton devoir ! « Partons-nous ? »

Et véritablement, Wang, en philosophe pratique, était prêt à quitter la somptueuse habitation.

Kin-Fo l'arrêta.

« J'ai dit, reprit-il, que la pauvreté ne m'effrayait pas, mais j'ajoute que c'est parce que je suis décidé à ne point la supporter.

— Ah ! fit Wang, tu veux donc !...

— Mourir.

— Mourir ! répondit tranquillement le philosophe. L'homme qui est décidé à en finir avec la vie n'en dit rien à personne.

« Mourir ! » répondit le philosophe. (Page 101.)

— Ce serait déjà fait, reprit Kin-Fo, avec un calme qui ne le cédait pas à celui du philosophe, si je n'avais voulu que ma mort me causât au moins une première et dernière émotion. Or, au moment d'avaler un de ces grains d'opium que tu sais, mon cœur battait si peu, que j'ai jeté le poison, et je suis venu te trouver !

— Veux-tu donc, ami, que nous mourions ensemble ? répondit Wang en souriant.

— Non, dit Kin-Fo, j'ai besoin que tu vives !

— Pourquoi ?

— Pour me frapper de ta propre main ! »

A cette proposition inattendue, Wang ne tressaillit même pas. Mais Kin-Fo, qui le regardait bien en face, vit briller un éclair dans ses yeux. L'ancien Taï-ping se réveillait-il ? Cette besogne dont son élève allait le charger, ne trouverait-elle pas en lui une hésitation ? Dix-huit années auraient donc passé sur sa tête sans étouffer les sanguinaires instincts de sa jeunesse ! Au fils de celui qui l'avait recueilli, il ne ferait pas même une objection ! Il accepterait, sans broncher, de le délivrer de cette existence dont il ne voulait plus ! Il ferait cela, lui, Wang, le philosophe !

Mais cet éclair s'éteignit presque aussitôt. Wang reprit sa physionomie ordinaire de brave homme, un peu plus sérieuse peut-être.

Et alors, se rasseyant :

« C'est là le service que tu me demandes ? dit-il.

— Oui, reprit Kin-Fo, et ce service t'acquittera de tout ce que tu pourrais t'imaginer devoir à Tchoung-Héou et à son fils.

— Que devrai-je faire ? demanda simplement le philosophe.

— D'ici au 25 juin, vingt-huitième jour de la sixième lune, tu entends bien, Wang, jour où finira ma trente et unième année, — je dois avoir cessé de vivre ! Il faut que je tombe frappé par toi, soit par-devant, soit par-derrière, le jour, la nuit, n'importe où, n'importe comment, debout, assis, couché, éveillé, endormi, par le fer ou par le poison ! Il faut qu'à chacune des quatre-vingt mille minutes dont se composera ma vie pendant cinquante-cinq jours encore, j'aie la pensée, et, je l'espère, la crainte, que mon existence va brusquement finir ! Il faut que j'aie devant moi ces quatre-vingt mille émotions, si bien que, au moment où se sépareront les sept éléments de mon âme, je puisse m'écrier : Enfin, j'ai donc vécu ! »

Kin-Fo, contre son habitude, avait parlé avec une certaine animation. On remarquera aussi qu'il avait fixé à six jours avant l'expiration de sa police la limite extrême de son existence. C'était agir en homme prudent, car, faute du versement d'une nouvelle prime, un retard eût fait déchoir ses ayants droit du bénéfice de l'assurance.

Le philosophe l'avait écouté gravement, jetant

à la dérobée quelque rapide regard sur le portrait du roi Taï-ping, qui ornait sa chambre, portrait dont il devait hériter, — ce qu'il ignorait encore.

« Tu ne reculeras pas devant cette obligation que tu vas prendre de me frapper ? » demanda Kin-Fo.

Wang, d'un geste, indiqua qu'il n'en était pas à cela près ! Il en avait vu bien d'autres, lorsqu'il s'insurgeait sous les bannières des Taï-ping ! Mais il ajouta, en homme qui veut, cependant, épuiser toutes les objections avant de s'engager :

« Ainsi tu renonces aux chances que le Vrai Maître t'avait réservées d'atteindre l'extrême vieillesse !

— J'y renonce.

— Sans regrets ?

— Sans regrets ! répondit Kin-Fo. Vivre vieux ! Ressembler à quelque morceau de bois qu'on ne peut plus sculpter ! Riche, je ne le désirais pas. Pauvre, je le veux encore moins !

— Et la jeune veuve de Péking ? dit Wang. Oublies-tu le proverbe : la fleur avec la fleur, le saule avec le saule ! L'entente de deux cœurs fait cent années de printemps !...

— Contre trois cents années d'automne, d'été et d'hiver ! répondit Kin-Fo, en haussant les épaules. Non ! Lé-ou, pauvre, serait misérable avec moi ! Au contraire, ma mort lui assure une fortune.

— Tu as fait cela ?

— Oui, et toi-même, Wang, tu as cinquante mille dollars placés sur ma tête.

— Ah! fit simplement le philosophe, tu as réponse à tout.

— A tout, même à une objection que tu ne m'as pas encore faite.

— Laquelle?

— Mais... le danger que tu pourrais courir, après ma mort, d'être poursuivi pour assassinat.

— Oh! fit Wang, il n'y a que les maladroits ou les poltrons qui se laissent prendre! D'ailleurs, où serait le mérite de te rendre ce dernier service, si je ne risquais rien!

— Non pas, Wang! Je préfère te donner toute sécurité à cet égard. Personne ne songera à t'inquiéter! »

Et, ce disant, Kin-Fo s'approcha d'une table, prit une feuille de papier, et, d'une écriture nette, il traça les lignes suivantes :

« C'est volontairement que je me suis donné la mort, par dégoût et lassitude de la vie.

                                   « KIN-FO. »

Et il remit le papier à Wang.

Le philosophe le lut d'abord tout bas; puis, il le relut à voix haute. Cela fait, il le plia soigneusement et le plaça dans un carnet de notes qu'il portait toujours sur lui.

Un second éclair avait allumé son regard.

« Tout cela est sérieux de ta part ? dit-il en regardant fixement son élève.

— Très sérieux.

— Ce ne le sera pas moins de la mienne.

— J'ai ta parole ?

— Tu l'as.

— Donc, avant le 25 juin au plus tard, j'aurai vécu ?...

— Je ne sais si tu auras vécu dans le sens où tu l'entends, répondit gravement le philosophe, mais, à coup sûr, tu seras mort !

— Merci et adieu, Wang.

— Adieu, Kin-Fo. »

Et, là-dessus, Kin-Fo quitta tranquillement la chambre du philosophe.

IX

DONT LA CONCLUSION, QUELQUE SINGULIÈRE QU'ELLE SOIT,
NE SURPRENDRA PEUT-ÊTRE PAS LE LECTEUR.

« Eh bien, Craig-Fry ? disait le lendemain l'honorable William J. Bidulph aux deux agents qu'il avait spécialement chargés de surveiller le nouveau client de la Centenaire.

— Eh bien, répondit Craig, nous l'avons suivi

hier pendant toute une longue promenade qu'il a faite dans la campagne de Shang-Haï...

— Et il n'avait certainement point l'air d'un homme qui songe à se tuer, ajouta Fry.

— La nuit était venue, nous l'avons escorté jusqu'à sa porte...

— Que nous n'avons pu malheureusement franchir.

— Et ce matin ? demanda William J. Bidulph.

— Nous avons appris, répondit Craig, qu'il se portait...

— Comme le pont de Palikao », ajouta Fry.

Les agents Craig et Fry, deux Américains pur sang, deux cousins au service de la Centenaire, ne formaient absolument qu'un être en deux personnes. Impossible d'être plus complètement identifiés l'un à l'autre, au point que celui-ci finissait invariablement les phrases que celui-là commençait, et réciproquement. Même cerveau, mêmes pensées, même cœur, même estomac, même manière d'agir en tout. Quatre mains, quatre bras, quatre jambes à deux corps fusionnés. En un mot, deux frères Siamois, dont un audacieux chirurgien aurait tranché la suture.

« Ainsi, demanda William J. Bidulph, vous n'avez pas encore pu pénétrer dans la maison ?

— Pas..., dit Craig.

— Encore, dit Fry.

— Ce sera difficile, répondit l'agent principal.

Il le faudra pourtant. Il s'agit pour la Centenaire, non seulement de gagner une prime énorme, mais aussi de ne pas perdre deux cent mille dollars! Donc, deux mois de surveillance et peut-être plus, si notre nouveau client renouvelle sa police!

— Il a un domestique..., dit Craig.

— Que l'on pourrait peut-être avoir..., dit Fry.

— Pour apprendre tout ce qui se passe..., continua Craig.

— Dans la maison de Shang-Haï! acheva Fry.

— Humph! fit William J. Bidulph. Engluez-moi le domestique. Achetez-le. Il doit être sensible au son des taëls. Les taëls ne vous manqueront pas. Lors même que vous devriez épuiser les trois mille formules de civilités que comporte l'étiquette chinoise, épuisez-les. Vous n'aurez point à regretter vos peines.

— Ce sera..., dit Craig.

— Fait », répondit Fry.

Et voilà pour quelles raisons majeures Craig et Fry tentèrent de se mettre en relation avec Soun. Or, Soun n'était pas plus homme à résister à l'appât séduisant des taëls qu'à l'offre courtoise de quelques verres de liqueurs américaines.

Craig-Fry surent donc par Soun tout ce qu'ils avaient intérêt à savoir, ce qui se réduisait à ceci :

Kin-Fo avait-il changé quoi que ce soit à sa manière de vivre?

Soun n'était pas homme à résister. (Page 109.)

Non, si ce n'est peut-être qu'il rudoyait moins son fidèle valet, que les ciseaux chômaient au grand avantage de sa queue, et que le rotin chatouillait moins souvent ses épaules.

Kin-Fo avait-il à sa disposition quelque arme destructive?

Point, car il n'appartenait pas à la respectable catégorie des amateurs de ces outils meurtriers.

Que mangeait-il à ses repas?

Quelques plats simplement préparés, qui ne rappelaient en rien la fantaisiste cuisine des Célestials.

A quelle heure se levait-il?

Dès la cinquième veille, au moment où l'aube, à l'appel des coqs, blanchissait l'horizon.

Se couchait-il de bonne heure?

A la deuxième veille, comme il avait toujours eu l'habitude de le faire, à la connaissance de Soun.

Paraissait-il triste, préoccupé, ennuyé, fatigué de la vie?

Ce n'était point un homme positivement enjoué. Oh non! Cependant depuis quelques jours, il semblait prendre plus de goût aux choses de ce monde. Oui! Soun le trouvait moins indifférent, comme un homme qui attendrait... quoi? Il ne pouvait le dire.

Enfin, son maître possédait-il quelque substance vénéneuse, dont il aurait pu faire emploi?

Il n'en devait plus avoir, car, le matin même, on

avait jeté par son ordre, dans le Houang-Pou, une douzaine de petits globules, qui devaient être de qualité malfaisante.

En vérité, dans tout ceci, il n'y avait rien qui fût de nature à alarmer l'agent principal de la Centenaire. Non! jamais le riche Kin-Fo, dont personne d'ailleurs, Wang excepté, ne connaissait la situation, n'avait paru plus heureux de vivre.

Quoi qu'il en fût, Craig et Fry durent continuer à s'enquérir de tout ce que faisait leur client, à le suivre dans ses promenades, car il était possible qu'il ne voulût pas attenter à sa personne dans sa propre maison.

Ainsi les deux inséparables firent-ils. Ainsi Soun continua-t-il de parler, avec d'autant plus d'abandon qu'il y avait beaucoup à gagner dans la conversation de gens si aimables.

Ce serait aller trop loin de dire que le héros de cette histoire tenait plus à la vie depuis qu'il avait résolu de s'en défaire. Mais, ainsi qu'il y comptait, et pendant les premiers jours du moins, les émotions ne lui manquèrent pas. Il s'était mis une épée de Damoclès juste au-dessus du crâne, et cette épée devait lui tomber un jour sur la tête. Serait-ce aujourd'hui, demain, ce matin, ce soir? Sur ce point, doute, et de là quelques battements du cœur, nouveaux pour lui.

D'ailleurs, depuis l'échange de paroles qui s'était fait entre eux, Wang et lui se voyaient peu. Ou bien le philosophe quittait la maison plus fréquemment qu'autrefois, ou il restait enfermé dans sa chambre. Kin-Fo n'allait point l'y trouver — ce n'était pas son rôle —, et il ignorait même à quoi Wang passait son temps. Peut-être à préparer quelque embûche! Un ancien Taï-ping devait avoir dans son sac bien des manières d'expédier un homme. De là, curiosité, et, par suite, nouvel élément d'intérêt.

Cependant, le maître et l'élève se rencontraient presque tous les jours à la même table. Il va sans dire qu'aucune allusion ne se faisait à leur situation future d'assassin et d'assassiné. Ils causaient de choses et d'autres, — peu d'ailleurs. Wang, plus sérieux que d'habitude, détournant ses yeux, que cachait imparfaitement la lentille de ses lunettes, ne parvenait guère à dissimuler une constante préoccupation. Lui, de si bonne humeur, était devenu triste et taciturne, de communicatif qu'il était. Grand mangeur autrefois, comme tout philosophe doué d'un bon estomac, les mets délicats ne le tentaient plus, et le vin de Chao-Chigne le laissait rêveur.

En tout cas, Kin-Fo le mettait bien à son aise. Il goûtait le premier à tous les mets et se croyait obligé à ne rien laisser desservir, sans y avoir au moins touché. Il suivait de là que Kin-Fo mangeait plus qu'à l'ordinaire, que son palais blasé retrouvait quelques sensations, qu'il dînait de fort bon appétit et digérait remarquablement. Décidément, le poison ne devait pas être l'arme choisie par l'ancien massacreur du roi des rebelles, mais sa victime ne devait rien négliger.

Du reste, toute facilité était donnée à Wang pour accomplir son œuvre. La porte de la chambre à coucher de Kin-Fo demeurait toujours ouverte. Le philosophe pouvait y entrer jour et nuit, le frapper dormant ou éveillé. Kin-Fo ne demandait qu'une chose, c'est que sa main fût rapide et l'atteignît au cœur.

Mais Kin-Fo en fut pour ses émotions, et, même, après les premières nuits, il s'était si bien habitué à attendre le coup fatal, qu'il dormait du sommeil du juste et se réveillait chaque matin frais et dispos. Cela ne pouvait continuer ainsi.

Alors la pensée lui vint qu'il répugnait peut-être à Wang de le frapper dans cette maison, où il avait été si hospitalièrement recueilli. Il résolut de le mettre plus à son aise encore. Le voilà donc courant la campagne, recherchant les endroits isolés, s'attardant jusqu'à la quatrième veille dans les plus mauvais quartiers de Shang-Haï, véritables coupe-gorge, où les meurtres s'exécutent quotidiennement avec une parfaite sécurité. Il errait au milieu de ces rues étroites et sombres, se heurtant aux ivrognes de toutes nationalités, seul pendant ces dernières heures de la nuit, lorsque le marchand de galettes jetait son cri de

Il errait au milieu des rues. (Page 114.)

« Mantoou ! mantoou ! » en faisant retentir sa clochette pour prévenir les fumeurs attardés. Il ne rentrait à l'habitation qu'aux premiers rayons du jour, et il y revenait sain et sauf, vivant, bien vivant, sans même avoir aperçu les deux inséparables Craig et Fry, qui le suivaient obstinément, prêts à lui porter secours.

Si les choses continuaient de la sorte, Kin-Fo finirait par s'accoutumer à cette nouvelle existence, et l'ennui ne manquerait pas de le reprendre bientôt.

Combien d'heures s'écoulaient déjà, sans que la pensée lui vînt qu'il était un condamné à mort !

Cependant, un jour, 12 mai, le hasard lui procura quelque émotion. Comme il entrait doucement dans la chambre du philosophe, il le vit qui essayait du bout du doigt la pointe effilée d'un poignard et la trempait ensuite dans un flacon à verre bleu d'apparence suspecte.

Wang n'avait point entendu entrer son élève, et, saisissant le poignard, il le brandit à plusieurs reprises, comme pour s'assurer qu'il l'avait bien en main. En vérité, sa physionomie n'était pas rassurante. Il semblait, à ce moment, que le sang lui eût monté aux yeux !

« Ce sera pour aujourd'hui », se dit Kin-Fo.

Et il se retira discrètement, sans avoir été ni vu ni entendu.

« Ce sera pour aujourd'hui », se dit Kin-Fo. (Page 116.)

Kin-Fo ne quitta pas sa chambre de toute la journée... Le philosophe ne parut pas.

Kin-Fo se coucha ; mais, le lendemain, il dut se relever aussi vivant qu'un homme bien constitué peut l'être.

Tant d'émotions en pure perte ! Cela devenait agaçant.

Et dix jours s'étaient écoulés déjà ! Il est vrai que Wang avait deux mois pour s'exécuter.

« Décidément, c'est un flâneur ! se dit Kin-Fo. Je lui ai donné deux fois trop de temps ! »

Et il pensait que l'ancien Taï-ping s'était quelque peu amolli dans les délices de Shang-Haï.

A partir de ce jour, cependant, Wang parut plus soucieux, plus agité. Il allait et venait dans le yamen, comme un homme qui ne peut tenir en place. Kin-Fo observa même que le philosophe faisait des visites réitérées au salon des ancêtres, où se trouvait le précieux cercueil, venu de Liao-Tchéou. Il apprit aussi de Soun, et non sans intérêt, que Wang avait recommandé de brosser, frotter, épousseter le meuble en question, en un mot, de le tenir en état.

« Comme mon maître sera bien couché là-dedans ! ajouta même le fidèle domestique. C'est à vous donner envie d'en essayer ! »

Observation qui valut à Soun un petit signe d'amitié.

Les 13, 14 et 15 mai se passèrent.

Rien de nouveau.

Wang comptait-il donc épuiser le délai convenu, et ne payer sa dette qu'à la façon d'un commerçant, à l'échéance, sans anticiper ? Mais alors, il n'y aurait plus de surprise, et partant plus d'émotion !

Cependant, un fait très significatif vint à la connaissance de Kin-Fo dans la matinée du 15 mai, au moment du « mao-che », c'est-à-dire vers six heures du matin.

La nuit avait été mauvaise. Kin-Fo, à son réveil, était encore sous l'impression d'un déplorable songe. Le prince Ien, le souverain juge de l'enfer chinois, venait de le condamner à ne comparaître devant lui que lorsque la douze-centième lune se lèverait sur l'horizon du Céleste Empire. Un siècle à vivre encore, tout un siècle !

Kin-Fo était donc de fort mauvaise humeur, car il semblait que tout conspirât contre lui.

Aussi, de quelle façon il reçut Soun, lorsque celui-ci vint, comme à l'ordinaire, l'aider à sa toilette du matin.

« Va au diable ! s'écria-t-il. Que dix mille coups de pied te servent de gages, animal !

— Mais, mon maître...

— Va-t'en, te dis-je !

— Eh bien, non ! répondit Soun, pas avant, du moins, de vous avoir appris...

— Quoi ?

— Que M. Wang...

— Wang! Qu'a-t-il fait, Wang? répliqua vivement Kin-Fo, en saisissant Soun par sa queue! Qu'a-t-il fait?

— Mon maître! répondit Soun, qui se tortillait comme un ver, il nous a donné ordre de transporter le cercueil de monsieur dans le pavillon de Longue Vie, et...

— Il a fait cela! s'écria Kin-Fo, dont le front rayonna. Va, Soun, va, mon ami! Tiens! voilà dix taëls pour toi, et surtout qu'on exécute en tous points les ordres de Wang! »

Là-dessus, Soun s'en alla, absolument abasourdi, et répétant :

« Décidément mon maître est devenu fou, mais, du moins, il a la folie généreuse! »

Cette fois, Kin-Fo n'en pouvait plus douter. Le Taï-ping voulait le frapper dans ce pavillon de Longue Vie où lui-même avait résolu de mourir. C'était comme un rendez-vous qu'il lui donnait là. Il n'aurait garde d'y manquer. La catastrophe était imminente.

Combien la journée parut longue à Kin-Fo! L'eau des horloges ne semblait plus couler avec sa vitesse normale! Les aiguilles flânaient sur leur cadran de jade!

Enfin, la première veille laissa le soleil disparaître sous l'horizon, et la nuit se fit peu à peu autour du yamen.

Kin-Fo alla s'installer dans le pavillon, dont il

Soun s'en alla absolument abasourdi. (Page 120.)

espérait ne plus sortir vivant. Il s'étendit sur un divan moelleux, qui semblait fait pour les longs repos, et il attendit.

Alors, les souvenirs de son inutile existence repassèrent dans son esprit, ses ennuis, ses dégoûts, tout ce que la richesse n'avait pu vaincre, tout ce que la pauvreté aurait accru encore !

Un seul éclair illuminait cette vie, qui avait été sans attrait dans sa période opulente, l'affection que Kin-Fo avait ressentie pour la jeune veuve. Ce sentiment lui remuait le cœur, au moment où ses derniers battements allaient cesser. Mais, faire la pauvre Lé-ou misérable avec lui, jamais !

La quatrième veille, celle qui précède le lever de l'aube, et pendant laquelle il semble que la vie universelle soit comme suspendue, cette quatrième veille s'écoula pour Kin-Fo dans les plus vives émotions. Il écoutait anxieusement. Ses regards fouillaient l'ombre. Il tâchait de surprendre les moindres bruits. Plus d'une fois, il crut entendre gémir la porte, poussée par une main prudente. Sans doute Wang espérait le trouver endormi et le frapperait dans son sommeil !

Et, alors, une sorte de réaction se faisait en lui. Il craignait et désirait à la fois cette terrible apparition du Taï-ping.

L'aube blanchit les hauteurs du zénith avec la cinquième veille. Le jour se fit lentement.

Soudain, la porte du salon s'ouvrit.

Kin-Fo se redressa, ayant plus vécu dans cette dernière seconde que pendant sa vie tout entière !...

Soun était devant lui, une lettre à la main.

« Très pressée ! » dit simplement Soun.

Kin-Fo eut comme un pressentiment. Il saisit la lettre, qui portait le timbre de San Francisco, il en déchira l'enveloppe, il la lut rapidement, et, s'élançant hors du pavillon de Longue Vie :

« Wang ! Wang ! » cria-t-il.

En un instant, il arrivait à la chambre du philosophe et en ouvrait brusquement la porte.

Wang n'était plus là. Wang n'avait pas couché dans l'habitation, et, lorsque, aux cris de Kin-Fo, ses gens eurent fouillé tout le yamen, il fut évident que Wang avait disparu sans laisser de traces.

X

DANS LEQUEL CRAIG ET FRY SONT OFFICIELLEMENT PRÉSENTÉS AU NOUVEAU CLIENT DE LA « CENTENAIRE ».

« Oui, monsieur Bidulph, un simple coup de Bourse, un coup à l'américaine ! » dit Kin-Fo à l'agent principal de la compagnie d'assurances.

L'honorable William J. Bidulph sourit en connaisseur.

« Bien joué, en effet, car tout le monde y a été pris, dit-il.

— Même mon correspondant ! répondit Kin-Fo. Fausse cessation de paiements, monsieur, fausse faillite, fausse nouvelle ! Huit jours après, on payait à guichets ouverts. L'affaire était faite. Les actions, dépréciées de quatre-vingts pour cent, avaient été rachetées au plus bas par la Centrale Banque, et, lorsqu'on vint demander au directeur ce que donnerait la faillite : — « Cent soixante-quinze pour cent ! » répondit-il d'un air aimable. Voilà ce que m'a écrit mon correspondant dans cette lettre arrivée ce matin même, au moment où, me croyant absolument ruiné...

— Vous alliez attenter à votre vie ? s'écria William J. Bidulph.

— Non, répondit Kin-Fo, au moment où j'allais être probablement assassiné.

— Assassiné !

— Avec mon autorisation écrite, assassinat convenu, juré, qui vous eût coûté...

— Deux cent mille dollars, répondit William J. Bidulph, puisque tous les cas de mort étaient assurés. Ah ! nous vous aurions bien regretté, cher monsieur...

— Pour le montant de la somme ?...

— Et les intérêts ! »

William J. Bidulph prit la main de son client et la secoua cordialement, à l'américaine.

« Mais je ne comprends pas..., ajouta-t-il.

— Vous allez comprendre », répondit Kin-Fo.

Et il fit connaître la nature des engagements pris envers lui par un homme en qui il devait avoir toute confiance. Il cita même les termes de la lettre que cet homme avait en poche, lettre qui le déchargeait de toute poursuite et lui garantissait toute impunité. Mais, chose très grave, la promesse faite serait accomplie, la parole donnée serait tenue, nul doute à cet égard.

« Cet homme est un ami? demanda l'agent principal.

— Un ami, répondit Kin-Fo.

— Et alors, par amitié?...

— Par amitié et, qui sait? peut-être aussi par calcul! Je lui ai fait assurer cinquante mille dollars sur ma tête.

— Cinquante mille dollars! s'écria William J. Bidulph. C'est donc le sieur Wang?

— Lui-même.

— Un philosophe! Jamais il ne consentira... »

Kin-Fo allait répondre :

« Ce philosophe est un ancien Taï-ping. Pendant la moitié de sa vie, il a commis plus de meurtres qu'il n'en faudrait pour ruiner la Centenaire, si tous ceux qu'il a frappés avaient été ses clients! Depuis dix-huit ans, il a su mettre un frein à ses instincts farouches; mais, aujourd'hui que l'occasion lui est offerte, qu'il me croit ruiné, décidé à

mourir, qu'il sait, d'autre part, devoir gagner à ma
mort une petite fortune, il n'hésitera pas... »

Mais Kin-Fo ne dit rien de tout cela. C'eût été
compromettre Wang, que William J. Bidulph
n'aurait peut-être pas hésité à dénoncer au gouverneur de la province comme un ancien Taï-ping.
Cela sauvait Kin-Fo, sans doute, mais c'était perdre
le philosophe.

‹ Eh bien, dit alors l'agent de la compagnie
d'assurances, il y a une chose très simple à faire !

— Laquelle ?

— Il faut prévenir le sieur Wang que tout est
rompu et lui reprendre cette lettre comprommet-
tante qui...

— C'est plus aisé à dire qu'à faire, répliqua
Kin-Fo. Wang a disparu depuis hier, et nul ne sait
où il est allé.

— Hump ! » fit l'agent principal, dont cette
interjection dénotait l'état perplexe.

Il regardait attentivement son client.

« Et maintenant, cher monsieur, vous n'avez
plus aucune envie de mourir ? lui demanda-t-il.

— Ma foi, non, répondit Kin-Fo. Le coup de la
Centrale Banque Californienne a presque doublé
ma fortune, et je vais tout bonnement me
marier ! Mais je ne le ferai qu'après avoir retrouvé
Wang, ou lorsque le délai convenu sera bel et
bien expiré.

— Et il expire ?...

— Le 25 juin de la présente année. Pendant ce laps de temps, la Centenaire court des risques considérables. C'est donc à elle de prendre ses mesures en conséquence.

— Et à retrouver le philosophe », répondit l'honorable William J. Bidulph.

L'agent se promena pendant quelques instants, les mains derrière le dos ; puis :

« Eh bien, dit-il, nous le retrouverons, cet ami à tout faire, fût-il caché dans les entrailles du globe ! Mais, jusque-là, monsieur, nous vous défendrons contre toute tentative d'assassinat, comme nous vous défendions déjà contre toute tentative de suicide !

— Que voulez-vous dire ? demanda Kin-Fo.

— Que, depuis le 30 avril dernier, jour où vous avez signé votre police d'assurance, deux de mes agents ont suivi vos pas, observé vos démarches, épié vos actions !

— Je n'ai point remarqué...

— Oh ! ce sont des gens discrets ! Je vous demande la permission de vous les présenter, maintenant qu'ils n'auront plus à cacher leurs agissements, si ce n'est vis-à-vis du sieur Wang.

— Volontiers, répondit Kin-Fo.

— Craig-Fry doivent être là, puisque vous êtes ici ! »

Et William J. Bidulph de crier :

« Craig-Fry ? »

Craig et Fry étaient, en effet, derrière la porte du cabinet particulier. Ils avaient « filé » le client de la Centenaire jusqu'à son entrée dans les bureaux, et ils l'attendaient à la sortie.

« Craig-Fry, dit alors l'agent principal, pendant toute la durée de sa police d'assurance, vous n'aurez plus à défendre notre précieux client contre lui-même, mais contre un de ses propres amis, le philosophe Wang, qui s'est engagé à l'assassiner ! »

Et les deux inséparables furent mis au courant de la situation. Ils la comprirent, ils l'acceptèrent. Le riche Kin-Fo leur appartenait. Il n'aurait pas de serviteurs plus fidèles.

Maintenant, quel parti prendre ?

Il y en avait deux, ainsi que le fit observer l'agent principal : ou se garder très soigneusement dans la maison de Shang-Haï, de telle façon que Wang n'y pût rentrer sans être signalé à Fry-Craig, ou faire toute diligence pour savoir où se trouvait ledit Wang, et lui reprendre la lettre, qui devait être tenue pour nulle et de nul effet.

« Le premier parti ne vaut rien, répondit Kin-Fo. Wang saurait bien arriver jusqu'à moi sans se laisser voir, puisque ma maison est la sienne. Il faut donc le retrouver à tout prix.

— Vous avez raison, monsieur, répondit William J. Bidulph. Le plus sûr est de retrouver ledit Wang, et nous le retrouverons ! »

— Mort ou..., dit Craig.

— Vif! répondit Fry.

— Non! vivant! s'écria Kin-Fo. Je n'entends pas que Wang soit un instant en danger par ma faute!

— Craig et Fry, ajouta William J. Bidulph, vous répondez de notre client pendant soixante-dix-sept jours encore. Jusqu'au 30 juin prochain, monsieur vaut pour nous deux cent mille dollars. »

Là-dessus, le client et l'agent principal de la Centenaire prirent congé l'un de l'autre. Dix minutes après, Kin-Fo, escorté de ses deux gardes du corps, qui ne devaient plus le quitter, était rentré dans le yamen.

Lorsque Soun vit Craig et Fry officiellement installés dans la maison, il ne laissa pas d'en éprouver quelque regret. Plus de demandes, plus de réponses, partant plus de taëls! En outre, son maître, en se reprenant à vivre, s'était repris à malmener le maladroit et paresseux valet. Infortuné Soun! qu'aurait-il dit s'il eût su ce que lui réservait l'avenir!

Le premier soin de Kin-Fo fut de « phonographier » à Péking, avenue de Cha-Coua, le changement de fortune qui le faisait plus riche qu'avant. La jeune femme entendit la voix de celui qu'elle croyait à jamais perdu, lui redire ses meilleures tendresses. Il reverrait sa petite sœur cadette. La septième lune ne se passerait pas sans qu'il fût accouru près d'elle pour ne la plus quitter. Mais, après avoir refusé de la rendre misérable, il ne voulait pas risquer de la rendre veuve.

Lé-ou ne comprit pas trop ce que signifiait cette dernière phrase ; elle n'entendait qu'une chose, c'est que son fiancé lui revenait, c'est qu'avant deux mois, il serait près d'elle.

Et, ce jour-là, il n'y eut pas une femme plus heureuse que la jeune veuve dans tout le Céleste Empire.

En effet, une complète réaction s'était faite dans les idées de Kin-Fo, devenu quatre fois million- naire, grâce à la fructueuse opération de la Cen- trale Banque Californienne. Il tenait à vivre et à bien vivre. Vingt jours d'émotions l'avaient métamorphosé. Ni le mandarin Pao-Shen, ni le négociant Yin-Pang, ni Tim le viveur, ni Houal le lettré n'auraient reconnu en lui l'indifférent amphitryon, qui leur avait fait ses adieux sur un des bateaux-fleurs de la rivière des Perles. Wang n'en aurait pas cru ses propres yeux, s'il eût été là. Mais il avait disparu sans laisser aucune trace. Il ne revenait pas à la maison de Shang-Haï. De là, un gros souci pour Kin-Fo, et des transes de tous les instants pour ses deux gardes du corps.

Huit jours plus tard, le 24 mai, aucune nouvelle du philosophe, et, conséquemment, nulle possi- bilité de se mettre à sa recherche. Vainement Kin-Fo, Craig et Fry avaient-ils fouillé les terri- toires concessionnés, les bazars, les quartiers suspects, les environs de Shang-Haï. Vainement les plus habiles tipaos de la police s'étaient-ils mis en campagne. Le philosophe était introuvable.

Cependant, Craig et Fry, de plus en plus inquiets, multipliaient les précautions. Ni de jour, ni de nuit, ils ne quittaient leur client, mangeant à sa table, couchant dans sa chambre. Ils voulurent même l'engager à porter une cotte d'acier, pour se mettre à l'abri d'un coup de poignard, et à ne manger que des œufs à la coque, qui ne pouvaient être empoisonnés !

Kin-Fo, il faut le dire, les envoya promener. Pourquoi pas l'enfermer pendant deux mois dans la caisse à secret de la Centenaire, sous prétexte qu'il valait deux cent mille dollars !

Alors, William J. Bidulph, toujours pratique, proposa à son client de lui restituer la prime versée et de déchirer la police d'assurance.

« Désolé, répondit nettement Kin-Fo, mais l'affaire est faite, et vous en subirez les conséquences.

— Soit, répliqua l'agent principal, qui prit son parti de ce qu'il ne pouvait empêcher, soit ! Vous avez raison ! Vous ne serez jamais mieux gardé que par nous !

— Ni à meilleur compte ! » répondit Kin-Fo.

XI

CEPENDANT, Wang demeurait introuvable. Kin-Fo
commençait à enrager d'être réduit à l'inaction,
de ne pouvoir au moins courir après le philosophe.
Et comment aurait-il pu le faire, puisque Wang
avait disparu sans laisser aucune trace !

Cette complication ne laissait pas d'inquiéter
l'agent principal de la Centenaire. Après s'être
dit d'abord que tout cela n'était pas sérieux, que
Wang n'accomplirait pas sa promesse, que, même
en l'excentrique Amérique, on ne se passerait
pas de pareilles fantaisies, il en arriva à penser
que rien n'était impossible dans cet étrange pays
qu'on appelle le Céleste Empire. Il fut bientôt
de l'avis de Kin-Fo : c'est que, si l'on ne parvenait
pas à retrouver le philosophe, le philosophe tien-
drait la parole donnée. Sa disparition indiquait
même de sa part le projet de n'opérer qu'au
moment où son élève s'y attendrait le moins,
comme par un coup de foudre, et de le frapper
au cœur d'une main rapide et sûre. Alors, après
avoir déposé la lettre sur le corps de sa victime,
il viendrait tranquillement se présenter aux
bureaux de la Centenaire, pour y réclamer sa
part du capital assuré.

Il fallait donc prévenir Wang; mais, le prévenir directement, cela ne se pouvait.

L'honorable William J. Bidulph fut donc
conduit à employer les moyens indirects par voie
de la presse. En quelques jours, des avis furent
envoyés aux gazettes chinoises, des télégrammes
aux journaux étrangers des deux mondes.

Le *Tching-Pao*, l'officiel de Péking, les feuilles
rédigées en chinois à Shang-Haï et à Hong-Kong,
les journaux les plus répandus en Europe et
dans les deux Amériques, reproduisirent à satiété
la note suivante :

« Le sieur Wang, de Shang-Haï, est prié de
considérer comme non avenue la convention
passée entre le sieur Kin-Fo et lui, à la date
du 2 mai dernier, ledit sieur Kin-Fo n'ayant plus
qu'un seul et unique désir, celui de mourir
centenaire. »

Cet étrange avis fut bientôt suivi de cet autre,
beaucoup plus pratique à coup sûr :

« Deux mille dollars ou treize cents taëls à qui
fera connaître à William J. Bidulph, agent principal de la Centenaire à Shang-Haï, la résidence
actuelle du sieur Wang, de ladite ville. »

Que le philosophe eût été courir le monde pendant le délai de cinquante-cinq jours, qui lui
était donné pour accomplir sa promesse, il n'y
avait pas lieu de le penser. Il devait plutôt être
caché dans les environs de Shang-Haï, de manière

à profiter de toutes les occasions; mais l'honorable William J. Bidulph ne croyait pas pouvoir prendre trop de précautions.

Plusieurs jours se passèrent. La situation ne se modifiait pas. Or, il advint que ces avis, reproduits à profusion sous la forme familière aux Américains : WANG! WANG!! WANG!!! d'une part, KIN-FO! KIN-FO!! KIN-FO!!! de l'autre, finirent par attirer l'attention publique et provoquèrent l'hilarité générale.

On en rit jusqu'au fond des provinces les plus reculées du Céleste Empire.

« Où est Wang?

— Qui a vu Wang?

— Où demeure Wang?

— Que fait Wang?

— Wang! Wang! Wang! » criaient les petits Chinois dans les rues.

Ces questions furent bientôt dans toutes les bouches.

Et Kin-Fo, ce digne Célestial, « dont le vif désir était de devenir centenaire », qui prétendait lutter de longévité avec ce célèbre éléphant, dont le vingtième lustre s'accomplissait alors au Palais des Écuries de Péking, ne pouvait tarder à être tout à fait à la mode.

« Eh bien, le sieur Kin-Fo avance-t-il en âge?

— Comment se porte-t-il?

— Digère-t-il convenablement?

On en rit jusqu'au fond des provinces. (Page 134.)

— Le verra-t-on revêtir la robe jaune des vieillards [1] ? »

Ainsi, par des paroles gouailleuses, s'abordaient les mandarins civils ou militaires, les négociants à la Bourse, les marchands dans leurs comptoirs, les gens du peuple au milieu des rues et des places, les bateliers sur leurs villes flottantes !

Ils sont très gais, très caustiques, les Chinois, et l'on conviendra qu'il y avait matière à quelque gaieté. De là des plaisanteries de tout genre, et même des caricatures qui débordaient le mur de la vie privée.

Kin-Fo, à son grand déplaisir, dut supporter les inconvénients de cette célébrité singulière. On alla jusqu'à le chansonner sur l'air de « Mantchiang-houng », le vent qui souffle dans les saules. Il parut une complainte, qui le mettait plaisamment en scène : *Les Cinq Veilles du Centenaire !* Quel titre alléchant, et quel débit il s'en fit à trois sapèques l'exemplaire !

Si Kin-Fo se dépitait de tout ce bruit fait autour de son nom, William J. Bidulph s'en applaudissait, au contraire ; mais Wang n'en demeurait pas moins caché à tous les yeux.

Or, les choses allèrent si loin, que la position ne fut bientôt plus tenable pour Kin-Fo. Sortait-il ?

1. Tout Chinois qui atteint sa quatre-vingtième année a le droit de porter une robe jaune. Le jaune est la couleur de la famille impériale, et c'est un honneur rendu à la vieillesse.

un cortège de Chinois de tout âge, de tout sexe, l'accompagnait dans les rues, sur les quais, même à travers les territoires concessionnés, même à travers la campagne. Rentrait-il? Un rassemblement de plaisants de la pire espèce se formait à la porte du yamen.

Chaque matin, il était mis en demeure de paraître au balcon de sa chambre, afin de prouver que ses gens ne l'avaient pas prématurément couché dans le cercueil du kiosque de Longue Vie. Les gazettes publiaient moqueusement un bulletin de sa santé avec commentaires ironiques, comme s'il eût appartenu à la dynastie régnante des Tsing. En somme, il devenait parfaitement ridicule.

Il s'ensuivit donc qu'un jour, le 21 mai, le très vexé Kin-Fo alla trouver l'honorable William J. Bidulph, et lui fit connaître son intention de partir immédiatement. Il en avait assez de Shang-Haï et des Shanghaïens!

« C'est peut-être courir plus de risques! lui fit observer très justement l'agent principal.

— Peu m'importe! répondit Kin-Fo. Prenez vos précautions en conséquence.

— Mais où irez-vous?

— Devant moi.

— Où vous arrêterez-vous?

— Nulle part!

— Et quand reviendrez-vous?

— Jamais.

— Et si j'ai des nouvelles de Wang?

— Au diable Wang! Ah! la sotte idée que j'ai eue de lui donner cette absurde lettre! »

Au fond, Kin-Fo se sentait pris du plus furieux désir de retrouver le philosophe! Que sa vie fût entre les mains d'un autre, cette idée commençait à l'irriter profondément. Cela passait à l'état d'obsession. Attendre plus d'un mois encore dans ces conditions, jamais il ne s'y résignerait! Le mouton devenait enragé!

« Eh bien, partez donc, dit William J. Bidulph. Craig et Fry vous suivront partout où vous irez!

— Comme il vous plaira, répondit Kin-Fo, mais je vous préviens qu'ils auront à courir.

— Ils courront, mon cher monsieur, ils courront et ne sont point gens à épargner leurs jambes! »

Kin-Fo rentra au yamen et, sans perdre un instant, fit ses préparatifs de départ.

Soun, à son grand ennui — il n'aimait pas les déplacements —, devait accompagner son maître. Mais il ne hasarda pas une observation, qui lui eût certainement coûté un bon bout de sa queue.

Quant à Fry-Craig, en véritables Américains, ils étaient toujours prêts à partir, fût-ce pour aller au bout du monde. Ils ne firent qu'une seule question :

« Où monsieur..., dit Craig.

— Va-t-il? ajouta Fry.

— A Nan-King, d'abord, et au diable ensuite! »

Le même sourire parut simultanément sur les lèvres de Craig-Fry. Enchantés tous les deux ! Au diable ! Rien ne pouvait leur plaire davantage ! Le temps de prendre congé de l'honorable William J. Bidulph, et, aussi, de revêtir un costume chinois qui attirât moins l'attention sur leur personne, pendant ce voyage à travers le Céleste Empire.

Une heure après, Craig et Fry, le sac au côté, revolvers à la ceinture, revenaient au yamen.

A la nuit tombante, Kin-Fo et ses compagnons quittaient discrètement le port de la concession américaine, et s'embarquaient sur le bateau à vapeur qui fait le service de Shang-Haï à Nan-King.

Ce voyage n'est qu'une promenade. En moins de douze heures, un steamboat, profitant du reflux de la mer, peut remonter par la route du fleuve Bleu jusqu'à l'ancienne capitale de la Chine méridionale.

Pendant cette courte traversée, Craig-Fry furent aux petits soins pour leur précieux Kin-Fo, non sans avoir préalablement dévisagé tous les voyageurs. Ils connaissaient le philosophe — quel habitant des trois concessions n'eût connu cette bonne et sympathique figure ! — et ils s'étaient assurés qu'il n'avait pu les suivre à bord. Puis, cette précaution prise, que d'attentions de tous les instants pour le client de la Centenaire, tâtant de la main les pavois sur lesquels il s'appuyait,

éprouvant du pied les passerelles où il se tenait
parfois, l'entraînant loin de la chaufferie, dont
les chaudières leur semblaient suspectes, l'enga-
• geant à ne pas s'exposer au vent vif du soir, à ne
point se refroidir à l'air humide de la nuit, veillant
à ce que les hublots de sa cabine fussent hermétiquement fermés, rudoyant Soun, le négligent
valet, qui n'était jamais là lorsque son maître
le demandait, le remplaçant au besoin pour servir
le thé et les gâteaux de la première veille, enfin
couchant à la porte de la cabine de Kin-Fo, tout
habillés, la ceinture de sauvetage aux hanches,
prêts à lui porter secours si, par explosion ou
collision, le steamboat venait à sombrer dans les
profondes eaux du fleuve! Mais aucun accident
ne se produisit, qui eût vaillamment mis à l'épreuve
le dévouement sans bornes de Fry-Craig. Le bateau
à vapeur avait rapidement descendu le cours du
Wousung, débouqué dans le Yang-Tse-Kiang,
ou fleuve Bleu, rangé l'île de Tsong-Ming, laissé
en arrière les feux de Ou-Song et de Langchan,
remonté avec la marée à travers la province du
Kiang-Sou, et, le 22 au matin, débarqué ses passagers, sains et saufs, sur le quai de l'ancienne
cité impériale.

Grâce aux deux gardes du corps, la queue de
Soun n'avait pas diminué d'une ligne pendant le
voyage. Le paresseux aurait donc eu fort mauvaise grâce à se plaindre.

Ce n'était pas sans motif que Kin-Fo, en quittant Shang-Haï, s'était tout d'abord arrêté à Nan-King. Il pensait avoir quelques chances d'y retrouver le philosophe.

Wang, en effet, avait pu être attiré par ses souvenirs dans cette malheureuse ville, qui fut le principal centre de la rébellion des Tchang-Mao. N'avait-elle pas été occupée et défendue par ce modeste maître d'école, ce redoutable Rong-Siéou-Tsien, qui devint l'empereur des Taï-ping, et tint si longtemps en échec l'autorité mantchoue? N'est-ce pas dans cette cité qu'il proclama l'ère nouvelle de la « Grande Paix [1] »? N'est-ce pas là qu'il s'empoisonna, en 1864, pour ne pas se rendre vivant à ses ennemis? N'est-ce pas de l'ancien palais des rois que s'échappa son jeune fils, dont les Impériaux allaient bientôt faire tomber la tête? N'est-ce pas au milieu des ruines de la ville incendiée que ses ossements furent arrachés à la tombe et jetés en pâture aux plus vils animaux? N'est-ce pas enfin dans cette province que cent mille des anciens compagnons de Wang furent massacrés en trois jours?

Il était donc possible que le philosophe, pris d'une sorte de nostalgie depuis le changement apporté à son existence, se fût réfugié dans ces lieux, pleins de souvenirs personnels! De là,

1. Traduction du mot Taï-ping.

en quelques heures, il pouvait revenir à Shang-Haï, prêt à frapper...

Voilà pourquoi Kin-Fo s'était d'abord dirigé sur Nan-King, et voulut s'arrêter à cette première étape de son voyage. S'il y rencontrait Wang, tout serait dit, et il en finirait avec cette absurde situation. Si Wang ne paraissait pas, il continuerait ses pérégrinations à travers le Céleste Empire, jusqu'au jour où, le délai passé, il n'aurait plus rien à craindre de son ancien maître et ami.

Kin-Fo, accompagné de Craig et Fry, suivi de Soun, se rendit à un hôtel, situé dans un de ces quartiers à demi dépeuplés, autour desquels s'étendent comme un désert les trois quarts de l'ancienne capitale.

« Je voyage sous le nom de Ki-Nan, se contenta de dire Kin-Fo à ses compagnons, et j'entends que mon véritable nom ne soit jamais prononcé, sous quelque prétexte que ce soit.

— Ki..., fit Craig.

— Nan, acheva de dire Fry.

— Ki-Nan », répéta Soun.

On le comprend, Kin-Fo, qui fuyait les inconvénients de la célébrité à Shang-Haï, n'avait pas envie de les retrouver sur sa route. D'ailleurs, il n'avait rien dit à Fry-Craig de la présence possible du philosophe à Nan-King. Ces méticuleux agents auraient déployé un luxe de précautions que justifiait la valeur pécuniaire de leur client, mais dont celui-ci eût été fort ennuyé. En effet, ils eussent voyagé à travers un pays suspect avec un million dans leur poche, qu'ils ne se seraient pas montrés plus prudents. Après tout, n'était-ce pas un million que la Centenaire avait confié à leur garde ?

La journée entière se passa à visiter les quartiers, les places, les rues de Nan-King. De la porte de l'Ouest à la porte de l'Est, du nord au midi, la cité, si déchue de son ancienne splendeur, fut rapidement parcourue. Kin-Fo allait d'un bon pas, parlant peu, regardant beaucoup.

Aucun visage suspect ne se montra, ni sur les canaux, que fréquentait le gros de la population, ni dans ces rues dallées, perdues entre les décombres, et déjà envahies par les plantes sauvages. Nul étranger ne fut vu, errant sous les portiques de marbre à demi détruits, les pans de murailles calcinées, qui marquent l'emplacement du Palais Impérial, théâtre de cette lutte suprême, où Wang, sans doute, avait résisté jusqu'à la dernière heure. Personne ne chercha à se dérober aux yeux des visiteurs, ni autour du yamen des missionnaires catholiques, que les Nankinois voulurent massacrer en 1870, ni aux environs de la fabrique d'armes, nouvellement construite avec les indestructibles briques de la célèbre tour de porcelaine, dont les Taï-ping avaient jonché le sol.

Kin-Fo, sur qui la fatigue ne semblait pas avoir prise, allait toujours. Entraînant ses deux acolytes, qui ne faiblissaient pas, distançant l'infortuné Soun, peu accoutumé à ce genre d'exercice, il sortit par la porte de l'Est et s'aventura dans la campagne déserte.

Une interminable avenue, bordée d'énormes animaux de granit, s'ouvrait là, à quelque distance du mur d'enceinte.

Kin-Fo suivit cette avenue d'un pas plus rapide encore.

Un petit temple en fermait l'extrémité. Derrière, s'élevait un « tumulus », haut comme une colline. Sous ce tertre reposait Rong-Ou, le bonze devenu empereur, l'un de ces hardis patriotes qui, cinq siècles auparavant, avaient lutté contre la domination étrangère. Le philosophe ne serait-il pas venu se retremper dans ces glorieux souvenirs, sur le tombeau même où reposait le fondateur de la dynastie des Ming ?

Le tumulus était désert, le temple abandonné. Pas d'autres gardiens que ces colosses à peine ébauchés dans le marbre, ces fantastiques animaux qui peuplaient seuls la longue avenue.

Mais, sur la porte du temple, Kin-Fo aperçut, non sans émotion, quelques signes qu'une main y avait gravés. Il s'approcha et lut ces trois lettres :

W. K.-F.

Wang ! Kin-Fo ! Il n'y avait pas à douter que le philosophe n'eût récemment passé là !

Une interminable avenue. (Page 144.)

Kin-Fo, sans rien dire, regarda, chercha...
Personne.

Le soir, Kin-Fo, Craig, Fry, Soun, qui se traî-
nait, rentraient à l'hôtel, et, le lendemain matin,
ils avaient quitté Nan-King.

XII

DANS LEQUEL KIN-FO, SES DEUX ACOLYTES ET SON VALET
S'EN VONT À L'AVENTURE.

QUEL est ce voyageur que l'on voit courant sur
les grandes routes fluviales ou carrossables, sur
les canaux et les rivières du Céleste Empire? Il
va, il va toujours, ne sachant pas la veille où il
sera le lendemain. Il traverse les villes sans les
voir, il ne descend dans les hôtels ou les auberges
que pour y dormir quelques heures, il ne s'arrête
aux restaurations que pour y prendre de rapides
repas. L'argent ne lui tient pas à la main; il le
prodigue, il le jette pour activer sa marche.

Ce n'est point un négociant qui s'occupe d'affaires. Ce n'est point un mandarin que le ministre
a chargé de quelque importante et pressante
mission. Ce n'est point un artiste en quête des
beautés de la nature. Ce n'est point un lettré,

Il s'approcha et lut. (Page 144.)

un savant, que son goût entraîne à la recherche
des antiques documents, enfermés dans les bon-
zeries ou les lamaneries de la vieille Chine. Ce
n'est ni un étudiant qui se rend à la pagode des
Examens pour y conquérir ses grades universi-
taires, ni un prêtre de Bouddha courant la campagne pour inspecter les petits autels champêtres,
érigés entre les racines du banyan sacré, ni un
pèlerin qui va accomplir quelque vœu à l'une des
cinq montagnes saintes du Céleste Empire.

C'est le faux Ki-Nan, accompagné de Fry-
Craig, toujours dispos, suivi de Soun, de plus en
plus fatigué. C'est Kin-Fo, dans cette bizarre
disposition d'esprit qui le porte à fuir et à chercher
à la fois l'introuvable Wang. C'est le client de la
Centenaire, qui ne demande à cet incessant va-et-
vient que l'oubli de sa situation et peut-être une
garantie contre les dangers invisibles dont il est
menacé. Le meilleur tireur a quelque chance de
manquer un but mobile, et Kin-Fo veut être ce
but qui ne s'immobilise jamais.

Les voyageurs avaient repris à Nan-King l'un de
ces rapides steamboats américains, vastes hôtels
flottants, qui font le service du fleuve Bleu.
Soixante heures après, ils débarquaient à Ran-
Kéou, sans avoir même admiré ce rocher bizarre, le
« Petit-Orphelin », qui s'élève au milieu du courant
du Yang-tze-Kiang, et dont un temple, desservi par
les bonzes, couronne si hardiment le sommet.

A Ran-Kéou, située au confluent du fleuve
Bleu et de son important tributaire le Ran-Kiang [1],
l'errant Kin-Fo ne s'était arrêté qu'une demi-
journée. Là, encore, se retrouvaient en ruines
irréparables les souvenirs des Taï-ping; mais,
ni dans cette ville commerçante, qui n'est, à vrai
dire, qu'une annexe de la préfecture de Ran-
Yang-Fou, bâtie sur la rive droite de l'affluent,
ni à Ou-Tchang-Fou, capitale de cette province
du Rou-Pé, élevée sur la rive droite du fleuve,
l'insaisissable Wang ne laissa voir trace de son
passage. Plus de ces terribles lettres que Kin-Fo
avait retrouvées à Nan-King sur le tombeau du
bonze couronné.

Si Craig et Fry avaient jamais pu espérer que,
de ce voyage en Chine, ils emporteraient quelque
aperçu des mœurs ou quelque connaissance des
villes, ils furent bientôt détrompés. Le temps
leur eût même manqué pour prendre des notes,
et leurs impressions auraient été réduites à quelques noms de cités et de bourgs ou à quelques
quantièmes de mois! Mais ils n'étaient ni curieux
ni bavards. Ils ne se parlaient presque jamais.
A quoi bon? Ce que Craig pensait, Fry le pensait
aussi. Ce n'eût été qu'un monologue. Donc, pas
plus que leur client, ils n'observèrent cette double

1. Dans la Chine méridionale, les fleuves et rivières sont indi-
qués par la terminaison « Kiang »; dans la Chine septentrionale,
par la terminaison « Ro ».

physionomie commune à la plupart des cités chinoises, mortes au centre, mais vivantes à leurs faubourgs. A peine, à Ran-Kéou, aperçurent-ils le quartier européen, aux rues larges et rectangulaires, aux habitations élégantes, et la promenade ombragée de grands arbres qui longe la rive du fleuve Bleu. Ils avaient des yeux pour ne voir qu'un homme, et cet homme restait invisible.

Le steamboat, grâce à la crue qui soulevait les eaux du Ran-Kiang, allait pouvoir remonter cet affluent pendant cent trente·lieues encore, jusqu'à Lao-Ro-Kéou.

Kin-Fo n'était point homme à abandonner ce genre de locomotion, qui lui plaisait. Au contraire, il comptait bien aller jusqu'au point où le Ran-Kiang cesserait d'être navigable. Au-delà, il aviserait. Craig et Fry, eux, n'eussent pas mieux demandé que cette navigation durât pendant tout le cours du voyage. La surveillance était plus facile à bord, les dangers moins imminents. Plus tard, sur les routes peu sûres des provinces de la Chine centrale, ce serait autre chose.

Quant à Soun, cette vie de steamboat lui allait assez. Il ne marchait pas, il ne faisait rien, il laissait son maître aux bons offices de Craig-Fry, il ne songeait qu'à dormir dans son coin, après avoir déjeuné, dîné et soupé consciencieusement, et la cuisine était bonne!

Ce fut même une modification survenue dans

l'alimentation du bord, quelques jours après, qui, à tout autre que cet ignorant, eût indiqué qu'un changement de latitude venait de s'opérer dans la situation géographique des voyageurs.

En effet, pendant les repas, le blé se substitua subitement au riz sous la forme de pains sans levain, assez agréables au goût, quand on les mangeait au sortir du four.

Soun, en vrai Chinois du Sud, regretta son riz habituel. Il manœuvrait si habilement ses petits bâtonnets, lorsqu'il faisait tomber les graines de la tasse dans sa vaste bouche, et il en absorbait de telles quantités! Du riz et du thé, que faut-il de plus à un véritable Fils du Ciel!

Le steamboat, remontant le cours du Ran-Kiang, venait donc d'entrer dans la région du blé. Là, le relief du pays s'accusa davantage. A l'horizon se dessinèrent quelques montagnes, couronnées de fortifications, élevées sous l'ancienne dynastie des Ming. Les berges artificielles, qui contenaient les eaux du fleuve, firent place à des rives basses, élargissant son lit aux dépens de sa profondeur. La préfecture de Guan-Lo-Fou apparut.

Kin-Fo ne débarqua même pas, pendant les quelques heures que nécessita la mise à bord du combustible devant les bâtiments de la douane. Que serait-il allé faire en cette ville, qu'il lui était indifférent de voir? Il n'avait qu'un désir, puisqu'il ne trouvait plus trace du philosophe :

s'enfoncer plus profondément encore dans cette Chine centrale, où, s'il n'y rattrapait pas Wang, Wang ne l'attraperait pas non plus.

Après Guan-Lo-Fou, ce furent deux cités bâties en face l'une de l'autre, la ville commerçante de Fan-Tcheng, sur la rive gauche, et la préfecture de Siang-Yang-Fou, sur la rive droite ; la première, faubourg plein du mouvement de la population et de l'agitation des affaires ; la seconde, résidence des autorités et plus morte que vivante.

Et après Fan-Tcheng, le Ran-Kiang, remontant droit au nord par un angle brusque, resta encore navigable jusqu'à Lao-Ro-Kéou. Mais, faute d'eau, le steamboat ne pouvait aller plus loin.

Ce fut tout autre chose alors. A partir de cette dernière étape, les conditions du voyage durent être modifiées. Il fallait abandonner les cours d'eau, « ces chemins qui marchent », et marcher soi-même, ou, tout au moins, substituer au moelleux glissement d'un bateau les secousses, les cahots, les heurts des déplorables véhicules en usage dans le Céleste Empire. Infortuné Soun ! La série des tracas, des fatigues, des reproches, allait donc recommencer pour lui !

Et, en effet, qui eût suivi Kin-Fo dans cette fantaisiste pérégrination, de province en province, de ville en ville, aurait eu fort à faire ! Un jour, il voyageait en voiture, mais quelle voiture ! une caisse durement fixée sur l'essieu de deux roues à gros clous de fer, traînée par deux mules rétives, bâchée d'une simple toile que transperçaient également les jets de pluie et les rayons solaires ! Un autre jour, on l'apercevait étendu dans une chaise à mulets, sorte de guérite suspendue entre deux longs bambous, et soumise à des mouvements de roulis et de tangage si violents, qu'une barque en eût craqué dans toute sa membrure.

Craig et Fry chevauchaient alors aux portières, comme des aides de camp, sur deux ânes, plus roulants et plus tanguants encore que la chaise. Quant à Soun, en ces occasions où la marche était nécessairement un peu rapide, il allait à pied, grognant, maugréant, se réconfortant plus qu'il ne convenait de fréquentes lampées d'eau-de-vie de Kao-Liang. Lui aussi éprouvait alors des mouvements de roulis particuliers, mais dont la cause ne tenait pas aux inégalités du sol ! En un mot, la petite troupe n'eût pas été plus secouée sur une mer houleuse.

Ce fut à cheval — de mauvais chevaux, on peut le croire — que Kin-Fo et ses compagnons firent leur entrée à Si-Gnan-Fou, l'ancienne capitale de l'Empire du Milieu, dont les empereurs de la dynastie des Tang faisaient autrefois leur résidence.

Mais, pour atteindre cette lointaine province du Chen-Si, pour en traverser les interminables plaines, arides et nues, que de fatigues à supporter et même de dangers !

Ce soleil de mai, par une latitude qui est celle de l'Espagne méridionale, projetait des rayons déjà insoutenables, et soulevait la fine poussière de routes qui n'ont jamais connu le confort de l'empierrage. De ces tourbillons jaunâtres, salissant l'air comme une fumée malsaine, on ne sortait que gris de la tête aux pieds. C'était la contrée du « lœss », formation géologique singulière, spéciale au nord de la Chine, « qui n'est plus de la terre et qui n'est pas une roche, ou, pour mieux dire, une pierre qui n'a pas encore eu le temps de se solidifier [1] ».

Quant aux dangers, ils n'étaient que trop réels, dans un pays où les gardes de police ont une extraordinaire crainte du coup de couteau des voleurs. Si, dans les villes, les tipaos laissent aux coquins le champ libre, si, en pleine cité, les habitants ne se hasardent guère dans les rues pendant la nuit, que l'on juge du degré de sécurité que présentent les routes ! Plusieurs fois, des groupes suspects s'arrêtèrent au passage des voyageurs, lorsqu'ils s'engageaient dans ces étroites tranchées, creusées profondément entre les couches du lœss ; mais la vue de Craig-Fry, le revolver à la ceinture, avait imposé jusqu'alors aux coureurs de grands chemins. Cependant, les agents de la Centenaire éprouvèrent, en mainte

1. Léon Rousset.

C'était la contrée du « lœss ». (Page 154.)

occasion, les plus sérieuses craintes, sinon pour eux, du moins pour le million vivant qu'ils escortaient. Que Kin-Fo tombât sous le poignard de Wang ou sous le couteau d'un malfaiteur, le résultat était le même. C'était la caisse de la Compagnie qui recevait le coup.

Dans ces circonstances, d'ailleurs, Kin-Fo, non moins bien armé, ne demandait qu'à se défendre. Sa vie, il y tenait plus que jamais, et, comme le disaient Craig-Fry, « il se serait fait tuer pour la conserver ».

A Si-Gnan-Fou, il n'était pas probable que l'on retrouvât aucune trace du philosophe. Jamais un ancien Taï-ping n'aurait eu la pensée d'y chercher refuge. C'est une cité dont les rebelles n'ont pu franchir les fortes murailles, au temps de la rébellion, et qui est occupée par une nombreuse garnison mantchoue. A moins d'avoir un goût particulier pour les curiosités archéologiques, très nombreuses dans cette ville, et d'être versé dans les mystères de l'épigraphie, dont le musée, appelé « la forêt des tablettes », renferme d'incalculables richesses, pourquoi Wang serait-il venu là ?

Aussi, le lendemain de son arrivée, Kin-Fo, abandonnant cette ville, qui est un important centre d'affaires entre l'Asie centrale, le Tibet, la Mongolie et la Chine, reprit-il la route du nord.

A suivre par Kao-Lin-Sien, par Sing-Tong-

Sien, la route de la vallée de l'Ouei-Ro, aux eaux chargées des teintes jaunes de ce lœss à travers lequel il s'est frayé son lit, la petite troupe arriva à Roua-Tchéou, qui fut le foyer d'une terrible insurrection musulmane en 1860. De là, tantôt en barque, tantôt en charrette, Kin-Fo et ses compagnons atteignirent, non sans grandes fatigues, cette forteresse de Tong-Kouan, située au confluent de l'Ouei-Ro et du Rouang-Ro.

Le Rouang-Ro, c'est le fameux fleuve Jaune. Il descend directement du nord pour aller, à travers les provinces de l'Est, se jeter dans la mer qui porte son nom, sans être plus jaune que la mer Rouge n'est rouge, que la mer Blanche n'est blanche, que la mer Noire n'est noire. Oui! fleuve célèbre, d'origine céleste sans doute, puisque sa couleur est celle des empereurs, Fils du Ciel, mais aussi « Chagrin de la Chine », qualification due à ses terribles débordements, qui ont causé en partie l'impraticabilité actuelle du canal Impérial.

A Tong-Kouan, les voyageurs eussent été en sûreté, même la nuit. Ce n'est plus une cité de commerce, c'est une ville militaire, habitée en domicile fixe et non en camp volant par ces Tartares Mantchoux, qui forment la première catégorie de l'armée chinoise! Peut-être Kin-Fo avait-il l'intention de s'y reposer quelques jours. Peut-être allait-il chercher dans un hôtel convenable une bonne chambre, une bonne table, un bon lit, — ce qui n'eût point déplu à Fry-Craig et encore moins à Soun !

Mais ce maladroit, auquel il en coûta cette fois un bon pouce de sa queue, eut l'imprudence de donner en douane, au lieu du nom d'emprunt, le véritable nom de son maître. Il oublia que ce n'était plus Kin-Fo, mais Ki-Nan, qu'il avait l'honneur de servir. Quelle colère ! Elle amena ce dernier à quitter immédiatement la ville. Le nom avait produit son effet. Le célèbre Kin-Fo était arrivé à Tong-Kouan ! On voulait voir cet homme unique, « dont le seul et unique désir était de devenir centenaire » !

L'horripilé voyageur, suivi de ses deux gardes et de son valet, n'eut que le temps de prendre la fuite à travers le rassemblement des curieux qui s'était formé sur ses pas. A pied cette fois, à pied ! il remonta les berges du fleuve Jaune, et il alla ainsi jusqu'au moment où ses compagnons et lui tombèrent d'épuisement dans un petit bourg, où son incognito devait lui garantir quelques heures de tranquillité.

Soun, absolument déconfit, n'osait plus dire un seul mot. A son tour, avec cette ridicule petite queue de rat qui lui restait, il était l'objet des plaisanteries les plus désagréables ! Les gamins couraient après lui et l'apostrophaient de mille clameurs saugrenues.

Il remonta la berge du fleuve Jaune. (Page 158.)

Aussi avait-il hâte d'arriver! Mais arriver où? puisque son maître — ainsi qu'il l'avait dit à William J. Bidulph — comptait aller et allait toujours devant lui!

Cette fois, à vingt lis de Tong-Kouan, dans ce modeste bourg où Kin-Fo avait cherché refuge, plus de chevaux, plus d'ânes, ni charrettes, ni chaises. Nulle autre perspective que de rester là ou de continuer à pied la route. Ce n'était pas pour rendre sa bonne humeur à l'élève du philosophe Wang, qui montra peu de philosophie dans cette occasion. Il accusa tout le monde, et n'aurait dû s'en prendre qu'à lui-même. Ah! combien il regrettait le temps où il n'avait qu'à se laisser vivre! Si, pour apprécier le bonheur, il fallait avoir connu ennuis, peines et tourments, ainsi que le disait Wang, il les connaissait maintenant, et de reste!

Et puis, à courir ainsi, il n'était pas sans avoir rencontré sur sa route de braves gens sans le sou, mais qui étaient heureux, pourtant! Il avait pu observer ces formes variées du bonheur que donne le travail accompli gaiement.

Ici, c'étaient des laboureurs courbés sur leur sillon; là, des ouvriers qui chantaient en maniant leurs outils. N'était-ce pas précisément à cette absence de travail que Kin-Fo devait l'absence de désirs, et, par conséquent, le défaut de bonheur ici-bas? Ah! la leçon était complète! Il

le croyait du moins!... Non! ami Kin-Fo, elle
ne l'était pas!

Cependant, en cherchant bien dans ce village,
en frappant à toutes les portes, Craig et Fry
finirent par découvrir un véhicule, mais un seul!
Encore ne pouvait-il transporter qu'une personne,
et, circonstance plus grave, le moteur dudit
véhicule manquait.

C'était une brouette — la brouette de Pascal —,
et peut-être inventée avant lui par ces antiques
inventeurs de la poudre, de l'écriture, de la
boussole et des cerfs-volants. Seulement, en
Chine, la roue de cet appareil, d'un assez grand
diamètre, est placée, non à l'extrémité des brancards, mais au milieu, et se meut à travers le coffre
même, comme la roue centrale de certains bateaux
à vapeur. Le coffre est donc divisé en deux parties,
suivant son axe, l'une dans laquelle le voyageur
peut s'étendre, l'autre qui est destinée à contenir
ses bagages.

Le moteur de ce véhicule, c'est et ce ne peut
être qu'un homme, qui pousse l'appareil en avant
et ne le traîne pas. Il est donc placé en arrière
du voyageur, dont il ne gêne aucunement la vue,
comme le cocher d'un cab anglais. Lorsque le vent
est bon, c'est-à-dire quand il souffle de l'arrière,
l'homme s'adjoint cette force naturelle, qui ne
lui coûte rien; il plante un mâtereau sur l'avant du
coffre, il hisse une voile carrée, et, par les grandes

brises, au lieu de pousser la brouette, c'est lui qui est entraîné, — souvent plus vite qu'il ne le voudrait.

Le véhicule fut acheté avec tous ses accessoires. Kin-Fo y prit place. Le vent était bon, la voile fut hissée.

« Allons, Soun ! » dit Kin-Fo.

Soun se disposait tout simplement à s'étendre dans le second compartiment du coffre.

« Aux brancards ! cria Kin-Fo d'un certain ton qui n'admettait pas de réplique.

— Maître... que... moi... je !... répondit Soun, dont les jambes fléchissaient d'avance, comme celles d'un cheval surmené.

— Ne t'en prends qu'à toi, qu'à ta langue et à ta sottise !

— Allons, Soun ! dirent Fry-Craig.

— Aux brancards ! répéta Kin-Fo en regardant ce qui restait de queue au malheureux valet. Aux brancards, animal, et veille à ne point buter, ou sinon !... »

L'index et le médius de la main droite de Kin-Fo, rapprochés en forme de ciseaux, complétèrent si bien sa pensée, que Soun passa la bretelle à ses épaules et saisit le brancard des deux mains. Fry-Craig se postèrent des deux côtés de la brouette, et, la brise aidant, la petite troupe détala d'un léger trot.

Il faut renoncer à peindre la rage sourde et

impuissante de Soun, passé à l'état de cheval! Et cependant, souvent Craig et Fry consentirent à le relayer. Très heureusement, le vent du sud leur vint constamment en aide, et fit les trois quarts de la besogne. La brouette étant bien équilibrée par la position de la roue centrale, le travail du brancardier se réduisait à celui de l'homme de barre au gouvernail d'un navire : il n'avait qu'à se maintenir en bonne direction.

Et c'est dans cet équipage que Kin-Fo fut entrevu dans les provinces septentrionales de la Chine, marchant lorsqu'il sentait le besoin de se dégourdir les jambes, brouetté quand, au contraire, il voulait se reposer.

Ainsi Kin-Fo, après avoir évité Houan-Fou et Cafong, remonta les berges du célèbre canal Impérial, qui, il y a vingt ans à peine, avant que le fleuve Jaune eût repris son ancien lit, formait une belle route navigable depuis Sou-Tchéou, le pays du thé, jusqu'à Péking, sur une longueur de quelques centaines de lieues.

Ainsi il traversa Tsinan, Ho-Kien, et pénétra dans la province de Pé-Tché-Li, où s'élève Péking, la quadruple capitale du Céleste Empire.

Ainsi il passa par Tien-Tsin, que défendent un mur de circonvallation et deux forts, grande cité de quatre cent mille habitants, dont le large port, formé par la jonction du Peï-ho et du canal Impérial, fait, en important des cotonnades de Man-

C'est dans cet équipage. (Page 163.)

chester, des lainages, des cuivres, des fers, des allumettes allemandes, du bois de santal, etc., et en exportant des jujubes, des feuilles de nénuphar, du tabac de Tartarie, etc., pour cent soixante-dix millions d'affaires. Mais Kin-Fo ne songea même pas à visiter, dans cette curieuse Tien-Tsin, la célèbre pagode des supplices infernaux ; il ne parcourut pas, dans le faubourg de l'Est, les amusantes rues des Lanternes et des Vieux-Habits ; il ne déjeuna pas au restaurant de «l'Harmonie et de l'Amitié », tenu par le musulman Léou-Lao-Ki, dont les vins sont renommés, quoi qu'en puisse penser Mahomet ; il ne déposa pas sa grande carte rouge — et pour cause — au palais de Li-Tchong-Tang, vice-roi de la province depuis 1870, membre du Conseil privé, membre du Conseil de l'Empire, et qui porte, avec la veste jaune, le titre de Fei-Tzé-Chao-Pao.

Non ! Kin-Fo, toujours brouetté, Soun toujours brouettant, traversèrent les quais où s'étageaient des montagnes de sacs de sel ; ils dépassèrent les faubourgs, les concessions anglaise et américaine, le champ de courses, la campagne couverte de sorgho, d'orge, de sésame, de vignes, les jardins maraîchers, riches de légumes et de fruits, les plaines d'où partaient par milliers des lièvres, des perdrix, des cailles, que chassaient le faucon, l'émerillon et le hobereau. Tous quatre suivirent la route dallée de vingt-quatre lieues qui conduit à Péking, entre les arbres d'essences variées et les grands roseaux du fleuve, et ils arrivèrent ainsi à Tong-Tchéou, sains et saufs, Kin-Fo valant toujours deux cent mille dollars, Craig-Fry solides comme au début du voyage, Soun poussif, éclopé, fourbu des deux jambes, et n'ayant plus que trois pouces de queue au sommet du crâne !

On était au 19 juin. Le délai accordé à Wang n'expirait que dans sept jours !

Où était Wang ?

XIII

DANS LEQUEL ON ENTEND LA CÉLÈBRE COMPLAINTE DES « CINQ VEILLES DU CENTENAIRE ».

« MESSIEURS, dit Kin-Fo à ses deux gardes du corps, lorsque la brouette s'arrêta à l'entrée du faubourg de Tong-Tchéou, nous ne sommes plus qu'à quarante lis [1] de Péking, et mon intention est de m'arrêter ici jusqu'au moment où la convention, passée entre Wang et moi, aura cessé de droit. Dans cette ville de quatre cent mille âmes, il me sera facile de demeurer inconnu, si Soun n'oublie pas qu'il est au service de Ki-Nan, simple négociant de la province de Chen-Si. »

1. Quatre lieues.

Non assurément, Soun ne l'oublierait plus! Sa maladresse lui avait valu de faire pendant ces huit derniers jours un métier de cheval, et il espérait bien que M. Kin-Fo...

« Ki..., fit Craig.

— Nan! » ajouta Fry.

... ne le détournerait plus de ses fonctions habituelles. Et maintenant, attendu l'état de fatigue où il était, il ne demandait qu'une permission à M. Kin-Fo...

« Ki..., fit Craig.

— Nan! » répéta Fry.

... la permission de dormir pendant quarante-huit heures au moins sans débrider ou plutôt tout à fait « débridé » !

« Pendant huit jours, si tu veux! répondit Kin-Fo. Je serai sûr au moins qu'en dormant, tu ne bavarderas pas! »

Kin-Fo et ses compagnons s'occupèrent alors de chercher un hôtel convenable, et il n'en manquait pas à Tong-Tchéou. Cette vaste cité n'est à vrai dire qu'un immense faubourg de Péking. La voie dallée, qui l'unit à la capitale, est tout au long bordée de villas, de maisons, de hameaux agricoles, de tombeaux, de petites pagodes, d'enclos verdoyants, et, sur cette route, la circulation des voitures, des cavaliers, des piétons, est incessante.

Kin-Fo connaissait la ville, et il se fit conduire au Taè-Ouang-Miao, «le temple des princes souverains ». C'est tout simplement une bonzerie, transformée en hôtel, où les étrangers peuvent se loger assez confortablement.

Kin-Fo, Craig et Fry s'installèrent aussitôt, les deux agents dans une chambre contiguë à celle de leur précieux client.

Quant à Soun, il disparut pour aller dormir dans le coin qui lui fut assigné, et on ne le revit plus.

Une heure après, Kin-Fo et ses fidèles quittaient leurs chambres, déjeunaient avec appétit et se demandaient ce qu'il convenait de faire.

« Il convient, répondirent Craig-Fry, de lire la *Gazette officielle,* afin de voir s'il s'y trouve quelque article qui nous concerne.

— Vous avez raison, répondit Kin-Fo. Peut-être apprendrons-nous ce qu'est devenu Wang. »

Tous trois sortirent donc de l'hôtel. Par prudence, les deux acolytes marchaient aux côtés de leur client, dévisageant les passants et ne se laissant approcher par personne. Ils allèrent ainsi par les étroites rues de la ville et gagnèrent les quais. Là, un numéro de la *Gazette officielle* fut acheté et lu avidement.

Rien! rien que la promesse de deux mille dollars ou de treize cents taëls, à qui ferait connaître à William J. Bidulph la résidence actuelle du sieur Wang, de Shang-Haï.

« Ainsi, dit Kin-Fo, il n'a pas reparu!

— Donc, il n'a pas lu l'avis le concernant, répondit Craig.

— Donc, il doit rester dans les termes du mandat, ajouta Fry.

— Mais où peut-il être? s'écria Kin-Fo.

— Monsieur, dirent Fry-Craig, pensez-vous être plus menacé pendant les derniers jours de la convention?

— Sans aucun doute, répondit Kin-Fo. Si Wang ne connaît pas les changements survenus dans ma situation, et cela paraît probable, il ne pourra se soustraire à la nécessité de tenir sa promesse. Donc, dans un jour, dans deux, dans trois, je serai plus menacé que je ne le suis aujourd'hui, et, dans six, plus encore!

— Mais, le délai est passé?...

— Je n'aurai plus rien à craindre.

— Eh bien, monsieur, répondirent Craig-Fry, il n'y a que trois moyens de vous soustraire à tout danger pendant ces six jours.

— Quel est le premier? demanda Kin-Fo.

— C'est de rentrer à l'hôtel, dit Craig, de vous y enfermer dans votre chambre, et d'attendre que le délai soit expiré.

— Et le second?

— C'est de vous faire arrêter comme malfaiteur, répondit Fry, afin d'être mis en sûreté dans la prison de Tong-Tchéou!

— Et le troisième?

— C'est de vous faire passer pour mort, répondirent Fry-Craig, et de ne ressusciter que lorsque toute sécurité vous sera rendue.

— Vous ne connaissez pas Wang! s'écria Kin-Fo. Wang trouverait moyen de pénétrer dans mon hôtel, dans ma prison, dans ma tombe! S'il ne m'a pas frappé jusqu'ici, c'est qu'il ne l'a pas voulu, c'est qu'il lui a paru préférable de me laisser le plaisir ou l'inquiétude de l'attente! Qui sait quel peut avoir été son mobile? En tout cas, j'aime mieux attendre en liberté.

— Attendons!... Cependant!... dit Craig.

— Il me semble que..., ajouta Fry.

— Messieurs, répondit Kin-Fo d'un ton sec, je ferai ce qu'il me conviendra. Après tout, si je meurs avant le 25 de ce mois, qu'est-ce que votre Compagnie peut perdre?

— Deux cent mille dollars, répondirent Fry-Craig, deux cent mille dollars qu'il faudra payer à vos ayants droit!

— Et moi toute ma fortune, sans compter la vie! Je suis donc plus intéressé que vous dans l'affaire!

— Très juste!

— Très vrai!

— Continuez donc à veiller sur moi, tant que vous le jugerez convenable, mais j'agirai à ma guise! »

Il n'y avait point à répliquer.

Craig-Fry durent donc se borner à serrer leur client de plus près et à redoubler de précautions. Mais, ils ne se le dissimulaient pas, la gravité de la situation s'accentuait chaque jour davantage.

Tong-Tchéou est une des plus anciennes cités du Céleste Empire. Assise sur un bras canalisé du Peï-ho, à l'amorce d'un autre canal qui la relie à Péking, il s'y concentre un grand mouvement d'affaires. Ses faubourgs sont extrêmement animés par le va-et-vient de la population.

Kin-Fo et ses deux compagnons furent plus vivement frappés de cette agitation, lorsqu'ils arrivèrent sur le quai, auquel s'amarrent les sampans et les jonques du commerce.

En somme, Craig et Fry, tout bien pesé, en étaient venus à se croire plus en sûreté au milieu d'une foule. La mort de leur client devait, en apparence, être due à un suicide. La lettre, qui serait trouvée sur lui, ne laisserait aucun doute à cet égard. Wang n'avait donc intérêt à le frapper que dans certaines conditions, qui ne se présentaient pas au milieu des rues fréquentées ou sur la place publique d'une ville. Conséquemment, les gardiens de Kin-Fo n'avaient pas à redouter un coup immédiat. Ce dont il fallait se préoccuper uniquement, c'était de savoir si le Taï-ping, par un prodige d'adresse, ne suivait pas leurs traces depuis le départ de Shang-Haï. Aussi usaient-ils leurs yeux à dévisager les passants.

Tout à coup, un nom fut prononcé, qui était bien pour leur faire dresser l'oreille.

« Kin-Fo! Kin-Fo! » criaient quelques petits Chinois, sautant et frappant des mains au milieu de la foule.

Kin-Fo avait-il donc été reconnu, et son nom produisait-il l'effet accoutumé?

Le héros malgré lui s'arrêta.

Craig-Fry se tinrent prêts à lui faire, le cas échéant, un rempart de leurs corps.

Ce n'était point à Kin-Fo que ces cris s'adressaient. Personne ne semblait se douter qu'il fût là. Il ne fit donc pas un mouvement, et, curieux de savoir à quel propos son nom venait d'être prononcé, il attendit.

Un groupe d'hommes, de femmes, d'enfants, s'était formé autour d'un chanteur ambulant, qui paraissait très en faveur auprès de ce public des rues. On criait, on battait des mains, on l'applaudissait d'avance.

Le chanteur, lorsqu'il se vit en présence d'un suffisant auditoire, tira de sa robe un paquet de pancartes illustrées d'enjolivements en couleurs; puis, d'une voix sonore :

« *Les Cinq Veilles du Centenaire!* » cria-t-il.

C'était la fameuse complainte qui courait le Céleste Empire!

Craig-Fry voulurent entraîner leur client; mais, cette fois, Kin-Fo s'entêta à rester. Personne ne

le connaissait. Il n'avait jamais entendu la complainte, qui relatait ses faits et gestes. Il lui plaisait
de l'entendre !

Le chanteur commença ainsi :

« A la première veille, la lune éclaire le toit
pointu de la maison de Shang-Haï. Kin-Fo est jeune.
Il a vingt ans. Il ressemble au saule dont les premières feuilles montrent leur petite langue verte !

« A la deuxième veille, la lune éclaire le côté
est du riche yamen. Kin-Fo a quarante ans. Ses
dix mille affaires réussissent à souhait. Les voisins
font son éloge. »

Le chanteur changeait de physionomie et semblait vieillir à chaque strophe. On le couvrait
d'applaudissements.

Il continua :

« A la troisième veille, la lune éclaire l'espace.
Kin-Fo a soixante ans. Après les feuilles vertes
de l'été, les jaunes chrysanthèmes de la saison
d'automne !

« A la quatrième veille, la lune est tombée à
l'ouest. Kin-Fo a quatre-vingts ans ! Son corps est
recroquevillé comme une crevette dans l'eau bouillante ! Il décline ! Il décline avec l'astre de la nuit !

« A la cinquième veille, les coqs saluent l'aube
naissante. Kin-Fo a cent ans. Il meurt, son plus
vif désir accompli ; mais le dédaigneux prince
Ien refuse de le recevoir. Le prince Ien n'aime
pas les gens si âgés, qui radoteraient à sa cour !

Le vieux Kin-Fo, sans pouvoir se reposer jamais, erre toute l'éternité! »

Et la foule d'applaudir, et le chanteur de vendre par centaines sa complainte à trois sapèques l'exemplaire!

Et pourquoi Kin-Fo ne l'achèterait-il pas? Il tira quelque menue monnaie de sa poche, et, la main pleine, il allongea le bras à travers les premiers rangs de la foule.

Soudain, sa main s'ouvrit! Les piécettes lui échappèrent et tombèrent sur le sol...

En face de lui, un homme était là, dont les regards se croisèrent avec les siens.

« Ah! » s'écria Kin-Fo, qui ne put retenir cette exclamation, à la fois interrogative et exclamative.

Fry-Craig l'avaient entouré, le croyant reconnu. menacé, frappé, mort peut-être!

« Wang! cria-t-il.

— Wang! » répétèrent Craig-Fry.

C'était Wang, en personne! Il venait d'apercevoir son ancien élève; mais, au lieu de se précipiter sur lui, il repoussa vigoureusement les derniers rangs du groupe, et s'enfuit, au contraire, de toute la vitesse de ses jambes, qui étaient longues!

Kin-Fo n'hésita pas. Il voulut avoir le cœur net de son intolérable situation, et se mit à la poursuite de Wang, escorté de Fry-Craig, qui ne voulaient ni le dépasser, ni rester en arrière.

Eux aussi, ils avaient reconnu l'introuvable philosophe, et compris, à la surprise que celui-ci venait de manifester, qu'il ne s'attendait pas plus à voir Kin-Fo, que Kin-Fo ne s'attendait à le trouver là.

Maintenant, pourquoi Wang fuyait-il ? C'était assez inexplicable, mais enfin il fuyait, comme si toute la police du Céleste Empire eût été sur ses talons.

Ce fut une poursuite insensée.

« Je ne suis pas ruiné ! Wang, Wang ! Pas ruiné ! criait Kin-Fo.

— Riche ! riche ! » répétaient Fry-Craig.

Mais Wang se tenait à une trop grande distance pour entendre ces mots, qui auraient dû l'arrêter. Il franchit ainsi le quai, le long du canal, et atteignit l'entrée du faubourg de l'Ouest.

Les trois poursuivants volaient sur ses pas, mais ne gagnaient rien. Au contraire, le fugitif menaçait plutôt de les distancer.

Une demi-douzaine de Chinois s'étaient joints à Kin-Fo, sans compter deux ou trois couples de tipaos, prenant pour quelque malfaiteur un homme qui détalait si bien.

Curieux spectacle que celui de ce groupe haletant, criant, hurlant, s'accroissant en route de nombreux volontaires ! Autour du chanteur, on avait parfaitement entendu Kin-Fo prononcer ce nom de Wang. Heureusement, le philosophe

« Pas ruiné ! » criait Kin-Fo. (Page 175.)

n'avait pas riposté par celui de son élève, car toute la ville se fût lancée sur les pas d'un homme si célèbre. Mais le nom de Wang, subitement révélé, avait suffi. Wang! c'était cet énigmatique personnage, dont la découverte valait une énorme récompense! On le savait. De telle sorte que, si Kin-Fo courait après les huit cent mille dollars de sa fortune, Craig-Fry, après les deux cent mille de l'assurance, les autres couraient après les deux mille de la prime promise, et, l'on en conviendra, c'était là de quoi donner des jambes à tout ce monde.

« Wang! Wang! Je suis plus riche que jamais! disait toujours Kin-Fo, autant que le lui permettait la rapidité de sa course.

— Pas ruiné! pas ruiné! répétaient Fry-Craig.

— Arrêtez! arrêtez! » criait le gros des poursuivants, qui faisait la boule de neige en route.

Wang n'entendait rien. Les coudes collés à la poitrine, il ne voulait ni s'épuiser à répondre, ni rien perdre de sa vitesse pour le plaisir de tourner la tête.

Le faubourg fut dépassé. Wang se jeta sur la route dallée qui longe le canal. Sur cette route, alors presque déserte, il avait le champ libre. La vivacité de sa fuite s'accrut encore; mais, naturellement aussi, l'effort des poursuivants redoubla.

Cette course folle se soutint pendant près de vingt minutes. Rien ne pouvait laisser prévoir quel en serait le résultat. Cependant, il parut que le fugitif commençait à faiblir un peu. La distance, qu'il avait maintenue jusqu'à ce moment entre ses poursuivants et lui, tendait à diminuer.

Aussi Wang, sentant cela, fit-il un crochet et disparut-il derrière l'enclos verdoyant d'une petite pagode, sur la droite de la route.

« Dix mille taëls à qui l'arrêtera ! cria Kin-Fo.

— Dix mille taëls ! répétèrent Craig-Fry.

— *Ya ! ya ! ya !* » hurlèrent les plus avancés du groupe.

Tous s'étaient jetés de côté, sur les traces du philosophe, et contournaient le mur de la pagode.

Wang avait reparu. Il suivait un étroit sentier transversal, le long d'un canal d'irrigation, et, pour dépister les poursuivants, il fit un nouveau crochet qui le replaça sur la route dallée.

Mais, là, il fut visible qu'il s'épuisait, car il retourna la tête à plusieurs reprises. Kin-Fo, Craig et Fry, eux, n'avaient point faibli. Ils allaient, ils volaient, et pas un des rapides coureurs de taëls ne parvenait à prendre sur eux quelques pas d'avance.

Le dénouement approchait donc. Ce n'était plus qu'une affaire de temps, et d'un temps relativement court, — quelques minutes au plus.

Tous, Wang, Kin-Fo, ses compagnons, étaient arrivés à l'endroit où la grande route franchit le fleuve sur le célèbre pont de Palikao.

Dix-huit ans plus tôt, le 21 septembre 1860, ils n'auraient pas eu leurs coudées franches sur ce point de la province de Pé-Tché-Li. La grande chaussée était alors encombrée de fuyards d'une autre espèce. L'armée du général San-Ko-Li-Tzin, oncle de l'empereur, repoussée par les bataillons français, avait fait halte sur ce pont de Palikao, magnifique œuvre d'art, à balustrade de marbre blanc, que borde une double rangée de lions gigantesques. Et ce fut là que ces Tartares Mantchoux, si incomparablement braves dans leur fatalisme, furent broyés par les boulets des canons européens.

Mais le pont, qui portait encore les marques de la bataille sur ses statues écornées, était libre alors.

Wang, faiblissant, se jeta à travers la chaussée. Kin-Fo et les autres, par un suprême effort, se rapprochèrent. Bientôt, vingt pas, puis quinze, puis dix les séparèrent seulement.

Il n'y avait plus à tenter d'arrêter Wang par d'inutiles paroles, qu'il ne pouvait ou ne voulait pas entendre. Il fallait le rejoindre, le saisir, le lier au besoin... On s'expliquerait ensuite.

Wang comprit qu'il allait être atteint, et comme, par un entêtement inexplicable, il semblait redouter de se trouver face à face avec son ancien élève, il alla jusqu'à risquer sa vie pour lui échapper.

En effet, d'un bond, Wang sauta sur la balustrade du pont et se précipita dans le Peï-ho.

Kin-Fo s'était arrêté un instant et criait :

« Wang ! Wang ! »

Puis, prenant son élan à son tour :

« Je l'aurai vivant ! s'écria-t-il en se jetant dans le fleuve.

— Craig ? dit Fry.

— Fry ? dit Craig.

— Deux cent mille dollars à l'eau ! »

Et tous deux, franchissant la balustrade, se précipitèrent au secours du ruineux client de la Centenaire.

Quelques-uns des volontaires les suivirent. Ce fut comme une grappe de clowns à l'exercice du tremplin.

Mais tant de zèle devait être inutile. Kin-Fo, Fry-Craig et les autres, alléchés par la prime, eurent beau fouiller le Peï-ho, Wang ne put être retrouvé. Entraîné par le courant, sans doute, l'infortuné philosophe était allé en dérive.

Wang n'avait-il voulu, en se précipitant dans le fleuve, qu'échapper aux poursuites, ou, pour quelque mystérieuse raison, s'était-il résolu à mettre fin à ses jours ? Nul n'aurait pu le dire.

Deux heures après, Kin-Fo, Craig et Fry, désappointés, mais bien séchés, bien réconfortés, Soun, réveillé au plus fort de son sommeil et pestant comme on peut le croire, avaient pris la route de Péking.

Ce fut comme une grappe de clowns. (Page 180.)

XIV

Le Pé-Tché-Li, la plus septentrionale des dix-huit
provinces de la Chine, est divisé en neuf départements. Un de ces départements a pour chef-lieu
Chun-Kin-Fo, c'est-à-dire « la ville du premier
ordre obéissant au ciel ». Cette ville, c'est Péking.

Que le lecteur se figure un casse-tête chinois,
d'une superficie de six mille hectares, d'un péri-
mètre de huit lieues, dont les morceaux irréguliers
doivent remplir exactement un rectangle, telle est
cette mystérieuse Kambalu, dont Marco Polo
rapportait une si curieuse description vers la fin
du xiiie siècle, telle est la capitale du Céleste
Empire.

En réalité, Péking comprend deux villes distinctes, séparées par un large boulevard et une
muraille fortifiée : l'une, qui est un parallélogramme rectangle, la ville chinoise ; l'autre un
carré presque parfait, la ville tartare ; celle-ci
renferme deux autres villes : la ville Jaune, Hoang-
Tching, et Tsen-Kin-Tching, la ville Rouge ou
ville Interdite.

Autrefois, l'ensemble de ces agglomérations
comptait plus de deux millions d'habitants. Mais
l'émigration, provoquée par l'extrême misère,

a réduit ce chiffre à un million tout au plus. Ce sont des Tartares et des Chinois, auxquels il faut ajouter dix mille Musulmans environ, plus une certaine quantité de Mongols et de Tibétains, qui composent la population flottante.

Le plan de ces deux villes superposées figure assez exactement un bahut, dont le buffet serait formé par la cité chinoise et la crédence par la cité tartare.

Six lieues d'une enceinte fortifiée, haute et large de quarante à cinquante pieds, revêtue de briques extérieurement, défendue de deux cents en deux cents mètres par des tours saillantes, entourent la ville tartare d'une magnifique promenade dallée, et aboutissent à quatre énormes bastions d'angle, dont la plate-forme porte des corps de garde.

L'Empereur, Fils du Ciel, on le voit, est bien gardé.

Au centre de la cité tartare, la ville Jaune, d'une superficie de six cent soixante hectares, desservie par huit portes, renferme une montagne de charbon, haute de trois cents pieds, point culminant de la capitale, un superbe canal, dit « Mer du Milieu », que traverse un pont de marbre, deux couvents de bonzes, une pagode des Examens, le Peï-tha-sse, bonzerie bâtie dans une presqu'île, qui semble suspendue sur les eaux claires du canal, le Peh-Tang, établissement des mission-

naires catholiques, la pagode impériale, superbe
avec son toit de clochettes sonores et de tuiles
bleu lapis, le grand temple dédié aux ancêtres de
la dynastie régnante, le temple des Esprits, le
temple du génie des Vents, le temple du génie de
la Foudre, le temple de l'inventeur de la soie, le
temple du Seigneur du ciel, les cinq pavillons
des Dragons, le monastère du « Repos Éternel », etc.

Eh bien, c'est au centre de ce quadrilatère que
se cache la ville Interdite, d'une superficie de
quatre-vingts hectares, entourée d'un fossé canalisé que franchissent sept ponts de marbre. Il va
sans dire que, la dynastie régnante étant mantchoue, la première de ces trois cités est principalement habitée par une population de même race.
Quant aux Chinois, ils sont relégués en dehors,
à la partie inférieure du bahut, dans la ville annexe.

On pénètre à l'intérieur de cette ville interdite,
ceinte de murs en briques rouges couronnés d'un
chapiteau de tuiles vernissées de jaune d'or, par
une porte au midi, la porte de la « Grande Pureté »,
qui ne s'ouvre que devant l'empereur et les impé-
ratrices. Là s'élèvent le temple des Ancêtres de
la dynastie tartare, abrité sous un double toit de
tuiles multicolores; les temples Che et Tsi, consa-
crés aux esprits terrestres et célestes; le palais
de la « Souveraine Concorde », réservé aux solen-
nités d'apparat et aux banquets officiels; le palais
de la « Concorde moyenne », où se voient les

tableaux des aïeux du Fils du Ciel ; le palais de la
« Concorde Protectrice », dont la salle centrale
est occupée par le trône impérial ; le pavillon du
Nei-Ko, où se tient le grand conseil de l'Empire,
que préside le prince Kong [1], ministre des Affaires
étrangères, oncle paternel du dernier souverain ;
le pavillon des « Fleurs littéraires », où l'empereur
va une fois par an interpréter les livres sacrés ; le
pavillon de Tchouane-Sine-Tiène, dans lequel se
font les sacrifices en l'honneur de Confucius ; la
Bibliothèque impériale ; le bureau des Historio-
graphes ; le Vou-Igne-Tiène, où l'on conserve les
planches de cuivre et de bois destinées à l'impression des livres ; les ateliers dans lesquels se confec-
tionnent les vêtements de la cour ; le palais de la

1. M. T. Choutzé, dans son voyage intitulé *Péking et le nord
de la Chine,* rapporte le trait suivant à propos du prince Kong,
trait qu'il est bon de rappeler :
C'était en 1870, pendant la sanglante guerre qui désolait la
France ; le prince Kong rendait visite, je ne sais à quelle occasion, à tous les représentants diplomatiques étrangers. C'est
par la légation de France, la première qui se trouvât sur son
chemin, qu'il avait commencé cette tournée. On venait d'apprendre les désastres de Sedan. M. le comte de Rochechouart,
alors chargé d'affaires de France, en fit part au prince.
Celui-ci fit appeler un des officiers de sa suite :
« Portez une carte à la légation de Prusse. Dites que je n'y
pourrai passer que demain. »
Puis, se retournant vers le comte de Rochechouart :
« Le même jour où j'ai exprimé des condoléances au représentant de la France, je ne puis décemment aller porter des
félicitations au représentant de l'Allemagne ! »
Le prince Kong serait prince partout.

« Pureté Céleste », lieu de délibération des affaires de famille ; le palais de l'« Élément Terrestre supérieur », où fut installée la jeune impératrice ; le palais de la « Méditation », dans lequel se retire le souverain, lorsqu'il est malade ; les trois palais où sont élevés les enfants de l'empereur ; le temple des parents morts ; les quatre palais qui avaient été réservés à la veuve et aux femmes de Hien-Fong, décédé en 1861 ; le Tchou-Siéou-Kong, résidence des épouses impériales ; le palais de la « Bonté Préférée », destiné aux réceptions officielles des dames de la cour ; le palais de la « Tranquillité Générale », singulière appellation pour une école d'enfants d'officiers supérieurs ; les palais de la « Purification et du Jeûne » ; le palais de la « Pureté de Jade », habité par les princes du sang ; le temple du « Dieu protecteur de la ville » ; un temple d'architecture tibétaine ; le magasin de la couronne ; l'intendance de la Cour ; le Lao-Kong-Tchou, demeure des eunuques, dont il n'y a pas moins de cinq mille dans la ville Rouge ; et enfin d'autres palais, qui portent à quarante-huit le nombre de ceux que renferme l'enceinte impériale, sans compter le Tzen-Kouang-Ko, le pavillon de la « Lumière Empourprée », situé sur le bord du lac de la Cité Jaune, où, le 19 juin 1873, furent admis en présence de l'empereur les cinq ministres des États-Unis, de Russie, de Hollande, d'Angleterre et de Prusse

Quel forum antique a jamais présenté une telle agglomération d'édifices, si variés de formes, si riches d'objets précieux ? Quelle cité même, quelle capitale des États européens pourrait offrir une telle nomenclature ?

Et, à cette énumération, il faut encore joindre le Ouane-Chéou-Chane, le palais d'Été, situé à deux lieues de Péking. Détruit en 1860, à peine retrouve-t-on, au milieu des ruines, ses jardins d'une « Clarté parfaite et d'une Clarté tranquille », sa colline de la « Source de Jade », sa montagne des « Dix mille Longévités ! »

Autour de la ville Jaune, c'est la ville Tartare. Là sont installées les légations française, anglaise et russe, l'hôpital des Missions de Londres, les missions catholiques de l'Est et du Nord, les anciennes écuries des éléphants, qui n'en contiennent plus qu'un, borgne et centenaire. Là, se dressent la tour de la Cloche, à toit rouge encadré de tuiles vertes, le temple de Confucius, le couvent des Mille-Lamas, le temple de Fa-qua, l'ancien Observatoire, avec sa grosse tour carrée, le yamen des Jésuites, le yamen des Lettrés, où se font les examens littéraires. Là s'élèvent les arcs de triomphe de l'Ouest et de l'Est. Là coulent la mer du Nord et la mer des Roseaux, tapissées de nelumbos, de nymphœas bleus, et qui viennent du palais d'Été alimenter le canal de la ville Jaune. Là se voient des palais où résident des princes du sang,

les ministres des Finances, des Rites, de la Guerre,   •
des Travaux publics, des Relations extérieures; là,
la Cour des Comptes, le Tribunal Astronomique,
l'Académie de Médecine. Tout apparaît pêle-mêle,
au milieu des rues étroites, poussiéreuses l'été,
liquides l'hiver, bordées pour la plupart de maisons
misérables et basses, entre lesquelles s'élève
quelque hôtel de grand dignitaire, ombragé de
beaux arbres. Puis, à travers les avenues encom-
brées, ce sont des chiens errants, des chameaux
mongols chargés de charbon de terre, des palan-
quins à quatre porteurs ou à huit, suivant le rang
du fonctionnaire, des chaises, des voitures à
mulets, des chariots, des pauvres, qui, suivant
M. Choutzé, forment une truanderie indépen-
dante de soixante-dix mille gueux; et, dans ces
rues envasées d'une « boue puante et noire, dit
M. P. Arène, rues coupées de flaques d'eau, où
l'on s'enfonce jusqu'à mi-jambe, il n'est pas rare
que quelque mendiant aveugle se noie ».

Par bien des côtés, la ville chinoise de Péking,
dont le nom est Vaï-Tcheng, ressemble à la ville
tartare, mais elle s'en distingue, cependant, en
quelques-uns.

Deux temples célèbres occupent la partie méridionale, le temple du Ciel et celui de l'Agriculture,
auxquels il faut ajouter les temples de la déesse
Koanine, du génie de la Terre, de la Purification,
du Dragon Noir, des Esprits du Ciel et de la

Terre, les étangs aux Poissons d'Or, le monastère de Fayouan-sse, les marchés, les théâtres, etc.

Ce parallélogramme rectangle est divisé, du nord au sud, par une importante artère, nommée Grande-Avenue, qui va de la porte de Houng-Ting au sud à la porte de Tien au nord. Transversalement, il est desservi par une autre artère plus longue, qui coupe la première à angle droit, et va de la porte de Cha-Coua, à l'est, à la porte de Couan-Tsu, à l'ouest. Elle a nom avenue de Cha-Coua, et c'était à cent pas de son point d'intersection avec la Grande-Avenue que demeurait la future Mme Kin-Fo.

On se rappelle que, quelques jours après avoir reçu cette lettre qui lui annonçait sa ruine, la jeune veuve en avait reçu une seconde annulant la première, et lui disant que la septième lune ne s'achèverait pas sans que « son petit frère cadet » fût de retour près d'elle.

Si Lé-ou, depuis cette date, 17 mai, compta les jours et les heures, il est inutile d'y insister. Mais Kin-Fo n'avait plus donné de ses nouvelles, pendant ce voyage insensé, dont il ne voulait, sous aucun prétexte, indiquer le fantaisiste itinéraire. Lé-ou avait écrit à Shang-Haï. Ses lettres étaient restées sans réponse. On conçoit donc quelle devait être son inquiétude, lorsqu'à cette date du 19 juin, aucune lettre ne lui était encore arrivée.

Aussi, pendant ces longs jours, la jeune femme

n'avait-elle pas quitté sa maison de l'avenue de Cha-Çoua. Elle attendait, inquiète. La désagréable Nan n'était pas pour charmer sa solitude. Cette « vieille mère » se faisait plus quinteuse que jamais, et méritait d'être mise à la porte cent fois par lune.

Mais que d'interminables et anxieuses heures encore, avant le moment où Kin-Fo arriverait à Péking ! Lé-ou les comptait, et le compte lui en semblait bien long !

Si la religion de Lao-Tsé est la plus ancienne de la Chine, si la doctrine de Confucius, promulguée vers la même époque (500 ans environ avant J.-C.), est suivie par l'empereur, les lettrés et les hauts mandarins, c'est le bouddhisme ou religion de Fo qui compte le plus grand nombre de fidèles — près de trois cents millions — à la surface du globe.

Le bouddhisme comprend deux sectes distinctes, dont l'une a pour ministres les bonzes, vêtus de gris et coiffés de rouge, et, l'autre, les lamas, vêtus et coiffés de jaune.

Lé-ou était une bouddhiste de la première secte. Les bonzes la voyaient souvent venir au temple de Koan-Ti-Miao, consacré à la déesse Koanine. Là elle faisait des vœux pour son ami, et brûlait des bâtonnets parfumés, le front prosterné sur le parvis du temple.

Ce jour-là, elle eut la pensée de revenir implorer la déesse Koanine, et de lui adresser des vœux plus ardents encore. Un pressentiment lui disait

Les bonzes la voyaient souvent... (Page 190

que quelque grave danger menaçait celui qu'elle attendait avec une si légitime impatience.

Lé-ou appela donc la « vieille mère » et lui donna l'ordre d'aller chercher une chaise à porteurs au carrefour de la Grande-Avenue.

Nan haussa les épaules, suivant sa détestable habitude, et sortit pour exécuter l'ordre qu'elle avait reçu.

Pendant ce temps, la jeune veuve, seule dans son boudoir, regardait tristement l'appareil muet, qui ne lui faisait plus entendre la lointaine voix de l'absent.

« Ah! disait-elle, il faut, au moins, qu'il sache que je n'ai cessé de penser à lui, et je veux que ma voix le lui répète à son retour! »

Et Lé-ou, poussant le ressort qui mettait en mouvement le rouleau phonographique, prononça à voix haute les plus douces phrases que son cœur lui put inspirer.

Nan, entrant brusquement, interrompit ce tendre monologue.

La chaise à porteurs attendait madame, « qui aurait bien pu rester chez elle! »

Lé-ou n'écouta pas. Elle sortit aussitôt, laissant la « vieille mère » maugréer à son aise, et elle s'installa dans la chaise, après avoir donné ordre de la conduire au Koan-Ti-Miao.

Le chemin était tout droit pour y aller. Il n'y avait qu'à tourner l'avenue de Cha-Coua, au carrefour, et à remonter la Grande-Avenue jusqu'à la porte de Tien.

Mais la chaise n'avança pas sans difficultés. En effet, les affaires se faisaient encore à cette heure, et l'encombrement était toujours considérable dans ce quartier, qui est un des plus populeux de la capitale. Sur la chaussée, des baraques de marchands forains donnaient à l'avenue l'aspect d'un champ de foire avec ses mille fracas et ses mille clameurs. Puis, des orateurs en plein vent, des lecteurs publics, des diseurs de bonne aventure, des photographes, des caricaturistes, assez peu respectueux pour l'autorité mandarine, criaient et mettaient leur note dans le brouhaha général. Ici passait un enterrement à grande pompe, qui enrayait la circulation ; là, un mariage moins gai peut-être que le convoi funèbre, mais tout aussi encombrant. Devant le yamen d'un magistrat, il y avait rassemblement. Un plaignant venait frapper sur le « tambour des plaintes » pour réclamer l'intervention· de la justice. Sur la pierre « Léou-Ping » était agenouillé un malfaiteur, qui venait de recevoir la bastonnade et que gardaient des soldats de police avec le bonnet mantchou à glands rouges, la courte pique et les deux sabres au même fourreau. Plus loin, quelques Chinois récalcitrants, noués ensemble par leurs queues, étaient conduits au poste. Plus loin, un pauvre diable, la main gauche et le pied droit engagés dans les deux trous d'une planchette, marchait en clopinant comme un animal bizarre. Puis, c'était un voleur, encagé dans une caisse de bois, sa tête passant par le fond, et abandonné à la charité publique ; puis, d'autres portant la cangue, comme des bœufs courbés sous le joug. Ces malheureux cherchaient évidemment les endroits fréquentés dans l'espoir de faire une meilleure recette, spéculant sur la piété des passants, au détriment des mendiants de toutes sortes, manchots, boiteux, paralytiques, files d'aveugles conduits par un borgne, et les mille variétés d'infirmes vrais ou faux, qui fourmillent dans les cités de l'Empire des Fleurs.

La chaise avançait donc lentement. L'encombrement était d'autant plus grand qu'elle se rapprochait du boulevard extérieur. Elle y arriva, cependant, et s'arrêta à l'intérieur du bastion, qui défend la porte, près du temple de la déesse Koanine.

Lé-ou descendit de la chaise, entra dans le temple, s'agenouilla d'abord, et se prosterna ensuite devant la statue de la déesse. Puis, elle se dirigea vers un appareil religieux, qui porte le nom de « moulin à prières ».

C'était une sorte de dévidoir, dont les huit branches pinçaient à leur extrémité de petites banderoles ornées de sentences sacrées.

Un bonze attendait gravement, près de l'appareil, les dévots et surtout le prix des dévotions.

Le moulin à prières. (Page 194.)

Lé-ou remit au serviteur de Bouddha quelques taëls, destinés à subvenir aux frais du culte ; puis, de sa main droite, elle saisit la manivelle du dévidoir, et lui imprima un léger mouvement de rotation, après avoir appuyé sa main gauche sur son cœur. Sans doute, le moulin ne tournait pas assez rapidement pour que la prière fût efficace.

« Plus vite ! » lui dit le bonze, en l'encourageant du geste.

Et la jeune femme de dévider plus vite !

Cela dura près d'un quart d'heure, après quoi le bonze affirma que les vœux de la postulante seraient exaucés.

Lé-ou se prosterna de nouveau devant la statue de la déesse Koanine, sortit du temple et remonta dans sa chaise pour reprendre le chemin de la maison.

Mais, au moment d'entrer dans la Grande-Avenue, les porteurs durent se ranger précipitamment. Des soldats faisaient brutalement écarter le populaire. Les boutiques se fermaient par ordre. Les rues transversales se barraient de tentures bleues sous la garde des tipaos.

Un nombreux cortège occupait une partie de l'avenue et s'avançait bruyamment.

C'était l'empereur Koang-Sin, dont le nom signifie « Continuation de Gloire », qui rentrait dans sa bonne ville tartare, et devant lequel la porte centrale allait s'ouvrir.

Derrière les deux vedettes de tête venait un peloton d'éclaireurs, suivi d'un peloton de piqueurs, disposés sur deux rangs et portant un bâton en bandoulière.

Après eux, un groupe d'officiers de haut rang déployait le parasol jaune à volants, orné du dragon, qui est l'emblème de l'empereur comme le phénix est l'emblème de l'impératrice.

Le palanquin, dont la housse de soie jaune était relevée, parut ensuite, soutenu par seize porteurs à robes rouges semées de rosaces blanches, et cuirassés de gilets de soie piquée. Des princes du sang, des dignitaires, sur des chevaux harnachés de soie jaune en signe de haute noblesse, escortaient l'impérial véhicule.

Dans le palanquin, était à demi couché le Fils du Ciel, cousin de l'empereur Tong-Tche et neveu du prince Kong.

Après le palanquin venaient des palefreniers et des porteurs de rechange. Puis, tout ce cortège s'engloutit sous la porte de Tien, à la satisfaction des passants, marchands, mendiants, qui purent reprendre leurs affaires.

La chaise de Lé-ou continua donc sa route, et la déposa chez elle, après une absence de deux heures.

Ah! quelle surprise la bonne déesse Koanine avait ménagée à la jeune femme!

Au moment où la chaise s'arrêtait, une voiture

toute poussiéreuse, attelée de deux mules, venait se ranger près de la porte. Kin-Fo, suivi de Craig-Fry et de Soun, en descendait !...

« Vous ! Vous ! s'écria Lé-ou, qui ne pouvait en croire ses yeux !

— Chère petite sœur cadette ! répondit Kin-Fo, vous ne doutiez pas de mon retour !... »

Lé-ou ne répondit pas. Elle prit la main de son ami et l'entraîna dans le boudoir, devant le petit appareil phonographique, discret confident de ses peines !

« Je n'ai pas cessé un seul instant de vous attendre, cher cœur brodé de fleurs de soie ! » dit-elle.

Et, déplaçant le rouleau, elle poussa le ressort, qui le remit en mouvement.

Kin-Fo put alors entendre une douce voix lui répéter ce que la tendre Lé-ou disait quelques heures auparavant :

« Reviens, petit frère bien-aimé ! Reviens près de moi ! Que nos cœurs ne soient plus séparés comme le sont les deux étoiles du Pasteur et de la Lyre ! Toutes mes pensées sont pour ton retour... »

L'appareil se tut une seconde... rien qu'une seconde. Puis, il reprit, mais d'une voix criarde, cette fois :

« Ce n'est pas assez d'une maîtresse, il faut encore avoir un maître dans la maison ! Que le prince Ien les étrangle tous deux ! »

Cette seconde voix n'était que trop reconnaissable. C'était celle de Nan. La désagréable « vieille mère » avait continué de parler après le départ de Lé-ou, tandis que l'appareil fonctionnait encore, et enregistrait, sans qu'elle s'en doutât, ses imprudentes paroles !

Servantes et valets, défiez-vous des phonographes !

Le jour même, Nan recevait son congé, et, pour la mettre à la porte, on n'attendit même pas les derniers jours de la septième lune !

XV

QUI RÉSERVE CERTAINEMENT UNE SURPRISE A KIN-FO ET PEUT-ÊTRE AU LECTEUR.

Rien ne s'opposait plus au mariage du riche Kin-Fo, de Shang-Haï, avec l'aimable Lé-ou, de Péking. Dans six jours seulement expirait le délai accordé à Wang pour accomplir sa promesse; mais l'infortuné philosophe avait payé de sa vie sa fuite inexplicable. Il n'y avait plus rien à craindre désormais. Le mariage pouvait donc se faire. Il fut décidé et fixé à ce vingt-cinquième jour de juin dont Kin-Fo avait voulu faire le dernier de son existence !

La jeune femme connut alors toute la situation. Elle sut par quelles phases diverses venait de passer celui qui, refusant une première fois de la faire misérable, et une seconde fois de la faire veuve, lui revenait, libre enfin de la faire heureuse.

Mais Lé-ou, en apprenant la mort du philosophe, ne put retenir quelques larmes. Elle le connaissait, elle l'aimait, il avait été le premier confident de ses sentiments pour Kin-Fo.

« Pauvre Wang ! dit-elle. Il manquera bien à notre mariage !

— Oui ! pauvre Wang, répondit Kin-Fo, qui regrettait, lui aussi, ce compagnon de sa jeunesse, cet ami de vingt ans. — Et pourtant, ajouta-t-il, il m'aurait frappé comme il avait juré de le faire !

— Non, non ! dit Lé-ou en secouant sa jolie tête, et peut-être n'a-t-il cherché la mort dans les flots du Peï-ho que pour ne pas accomplir cette affreuse promesse ! »

Hélas ! cette hypothèse n'était que trop admissible, que Wang avait voulu se noyer pour échapper à l'obligation de remplir son mandat ! A cet égard, Kin-Fo pensait ce que pensait la jeune femme, et il y avait là deux cœurs desquels l'image du philosophe ne s'effacerait jamais.

Il va sans dire qu'à la suite de la catastrophe du pont de Palikao, les gazettes chinoises cessèrent de reproduire les avis ridicules de l'honorable William J. Bidulph, si bien que la gênante célébrité de Kin-Fo s'évanouit aussi vite qu'elle s'était faite.

Et maintenant, qu'allaient devenir Craig et Fry ? Ils étaient bien chargés de défendre les intérêts de la Centenaire jusqu'au 30 juin, c'est-à-dire pendant dix jours encore, mais, en vérité, Kin-Fo n'avait plus besoin de leurs services. Était-il à craindre que Wang attentât à sa personne ? Non, puisqu'il n'existait plus. Pouvaient-ils redouter que leur client portât sur lui-même une main criminelle ? Pas davantage. Kin-Fo ne demandait maintenant qu'à vivre, à bien vivre, et le plus long-temps possible. Donc, l'incessante surveillance de Fry-Craig n'avait plus de raison d'être.

Mais, après tout, c'étaient de braves gens, ces deux originaux. Si leur dévouement ne s'adressait, en somme, qu'au client de la Centenaire, il n'en avait pas moins été très sérieux et de tous les instants. Kin-Fo les pria donc d'assister aux fêtes de son mariage, et ils acceptèrent.

« D'ailleurs, fit observer plaisamment Fry à Craig, un mariage est quelquefois un suicide !

— On donne sa vie tout en la gardant », répondit Craig avec un sourire aimable.

Dès le lendemain, Nan avait été remplacée dans la maison de l'avenue Cha-Coua par un personnel plus convenable. Une tante de la jeune femme, Mme Lutalou, était venue près d'elle et devait lui tenir lieu de mère jusqu'à la célébration du mariage. Mme Lutalou, femme d'un mandarin de quatrième rang, deuxième classe, à bouton bleu, ancien lecteur impérial et membre de l'Académie des Han-Lin, possédait toutes les qualités physiques et morales exigées pour remplir dignement ces importantes fonctions.

Quant à Kin-Fo, il comptait bien quitter Péking après son mariage, n'étant point de ces Célestials qui aiment le voisinage des cours. Il ne serait véritablement heureux que lorsqu'il verrait sa jeune femme installée dans le riche yamen de Shang-Haï.

Kin-Fo avait donc dû choisir un appartement provisoire, et il avait trouvé ce qu'il lui fallait au Tiène-Fou-Tang, le « Temple du Bonheur Céleste », hôtel et restaurant très confortable, situé près du boulevard de Tiène-Men, entre les deux villes tartare et chinoise. Là furent également logés Craig et Fry, qui, par habitude, ne pouvaient se décider à quitter leur client. En ce qui concerne Soun, il avait repris son service, toujours maugréant, mais en ayant bien soin de regarder s'il ne se trouvait pas en présence de quelque indiscret phonographe. L'aventure de Nan le rendait quelque peu prudent.

Kin-Fo avait eu le plaisir de retrouver à Péking deux de ses amis de Canton, le négociant Yin-Pang et le lettré Houal. D'autre part, il connaissait quelques fonctionnaires et commerçants de la capitale, et tous se firent un devoir de l'assister dans ces grandes circonstances.

Il était vraiment heureux, maintenant, l'indifférent d'autrefois, l'impassible élève du philosophe Wang ! Deux mois de soucis, d'inquiétudes, de tracas, toute cette période mouvementée de son existence avait suffi à lui faire apprécier ce qu'est, ce que doit être, ce que peut être le bonheur ici-bas. Oui ! le sage philosophe avait raison ! Que n'était-il là pour constater une fois de plus l'excellence de sa doctrine !

Kin-Fo passait près de la jeune femme tout le temps qu'il ne consacrait pas aux préparatifs de la cérémonie. Lé-ou était heureuse du moment que son ami était près d'elle. Qu'avait-il besoin de mettre à contribution les plus riches magasins de la capitale pour la combler de cadeaux magnifiques ? Elle ne songeait qu'à lui, et se répétait les sages maximes de la célèbre Pan-Hoei-Pan :

« Si une femme a un mari selon son cœur, c'est pour toute sa vie !

« La femme doit avoir un respect sans bornes pour celui dont elle porte le nom et une attention continuelle sur elle-même.

« La femme doit être dans la maison comme une pure ombre et un simple écho.

« L'époux est le ciel de l'épouse. »

Cependant, les préparatifs de cette fête du mariage, que Kin-Fo voulait splendide, avançaient.

Déjà les trente paires de souliers brodés qu'exige le trousseau d'une Chinoise, étaient rangées dans l'habitation de l'avenue de Cha-Coua. Les confiseries de la maison Sinuyane, confitures, fruits secs, pralines, sucres d'orge, sirops de prunelles, oranges, gingembres et pamplemousses, les superbes étoffes de soie, les joyaux de pierres précieuses et d'or finement ciselé, bagues, bracelets, étuis à ongles, aiguilles de tête, etc., toutes les fantaisies charmantes de la bijouterie pékinoise s'entassaient dans le boudoir de Lé-ou.

En cet étrange Empire du Milieu, lorsqu'une jeune fille se marie, elle n'apporte aucune dot. Elle est véritablement achetée par les parents du mari ou par le mari lui-même, et, à défaut de frères, elle ne peut hériter d'une partie de la fortune paternelle que si son père en fait l'expresse déclaration. Ces conditions sont ordinairement réglées par des intermédiaires qu'on appelle « mei-jin », et le mariage n'est décidé que lorsque tout est bien convenu à cet égard.

La jeune fiancée est alors présentée aux parents du mari. Celui-ci ne la voit pas. Il ne la verra qu'au moment où elle arrivera en chaise fermée à la maison conjugale. A cet instant, on remet à l'époux la clef de la chaise. Il en ouvre la porte. Si sa fiancée lui agrée, il lui tend la main; si elle ne lui plaît pas, il referme brusquement la porte, et tout est rompu, à la condition d'abandonner les arrhes aux parents de la jeune fille.

Rien de pareil ne pouvait advenir dans le mariage de Kin-Fo. Il connaissait la jeune femme, il n'avait à l'acheter de personne. Cela simplifiait beaucoup les choses.

Le 25 juin arriva enfin. Tout était prêt.

Depuis trois jours, suivant l'usage, la maison de Lé-ou restait illuminée à l'intérieur. Pendant trois nuits, Mme Lutalou, qui représentait la famille de la future, avait dû s'abstenir de tout sommeil, — une façon de se montrer triste au moment où la fiancée va quitter le toit paternel. Si Kin-Fo avait encore eu ses parents, sa propre maison se fût également éclairée en signe de deuil, « parce que le mariage du fils est censé devoir être regardé comme une image de la mort du père, et que le fils alors semble lui succéder », dit le Hao-Khiéou-Tchouen.

Mais, si ces us ne pouvaient s'appliquer à l'union de deux époux absolument libres de leurs personnes, il en était d'autres dont on avait dû tenir compte.

Ainsi, aucune des formalités astrologiques n'avait été négligée. Les horoscopes, tirés suivant toutes les règles, marquaient une parfaite compatibilité de destinées et d'humeur. L'époque de l'année, l'âge de la lune se montraient favorables. Jamais mariage ne s'était présenté sous de plus rassurants auspices.

La réception de la mariée devait se faire à huit heures du soir à l'hôtel du « Bonheur Céleste », c'est-à-dire que l'épouse allait être conduite en grande pompe au domicile de l'époux. En Chine, il n'y a comparution ni devant un magistrat civil, ni devant un prêtre, bonze, lama ou autre.

A sept heures, Kin-Fo, toujours accompagné de Craig et Fry, qui rayonnaient comme les témoins d'une noce européenne, recevait ses amis au seuil de son appartement.

Quel assaut de politesses! Ces notables personnages avaient été invités sur papier rouge, en quelques lignes de caractères microscopiques : « M. Kin-Fo, de Shang-Haï, salue humblement monsieur... et le prie plus humblement encore... d'assister à l'humble cérémonie... » etc.

Tous étaient venus pour honorer les époux, et prendre leur part du magnifique festin réservé aux hommes, tandis que les dames se réuniraient à une table spécialement servie pour elles.

Il y avait là le négociant Yin-Pang et le lettré Houal. Puis, c'étaient quelques mandarins qui portaient à leur chapeau officiel le globule rouge, gros comme un œuf de pigeon, indiquant qu'ils appartenaient aux trois premiers ordres. D'autres, de catégorie inférieure, n'avaient que des boutons bleu opaque ou blanc opaque. La plupart étaient des fonctionnaires civils, d'origine chinoise, ainsi que devaient être les amis d'un Shanghaïen hostile à la race tartare. Tous, en beaux habits, en robes éclatantes, coiffures de fêtes, formaient un éblouissant cortège.

Kin-Fo — ainsi le voulait la politesse — les attendait à l'entrée même de l'hôtel. Dès qu'ils furent arrivés, il les conduisit au salon de réception, après les avoir priés par deux fois de vouloir bien passer devant lui, à chacune des portes que leur ouvraient des domestiques en grande livrée. Il les appelait par leur « noble nom », il leur demandait des nouvelles de leur « noble santé », il s'informait de leurs « nobles familles ». Enfin, un minutieux observateur de la civilité puérile et honnête n'aurait pas eu à signaler la plus légère incorrection dans son attitude.

Craig et Fry admiraient ces politesses; mais, tout en admirant, ils ne perdaient pas de vue leur irréprochable client.

Une même idée leur était venue, à tous les deux. Si, par impossible, Wang n'avait pas péri, comme on le croyait, dans les eaux du fleuve?... S'il venait se mêler à ces groupes d'invités?... La vingt-quatrième heure du vingt-cinquième jour de juin — l'heure extrême — n'avait pas sonné encore! La main du Taï-ping n'était pas désarmée! Si, au dernier moment?...

Non! cela n'était pas vraisemblable, mais enfin, c'était possible. Aussi, par un reste de prudence, Craig et Fry regardaient-ils soigneusement tout ce monde... En fin de compte, ils ne virent aucune figure suspecte.

Pendant ce temps, la future quittait sa maison de l'avenue de Cha-Coua, et prenait place dans un palanquin fermé.

Si Kin-Fo n'avait pas voulu prendre le costume de mandarin que tout fiancé a droit de revêtir — par honneur pour cette institution du mariage que les anciens législateurs tenaient en grande estime —, Lé-ou s'était conformée aux règlements de la haute société. Avec sa toilette, toute rouge, faite d'une admirable étoffe de soie brodée, elle resplendissait. Sa figure se dérobait, pour ainsi dire, sous un voile de perles fines, qui semblaient s'égoutter du riche diadème dont le cercle d'or bordait son front. Des pierreries et des fleurs artificielles du meilleur goût constellaient sa chevelure et ses longues nattes noires. Kin-Fo ne pouvait manquer de la trouver plus charmante encore, lorsqu'elle descendrait du palanquin que sa main allait bientôt ouvrir.

Le cortège se mit en route. Il tourna le carrefour pour prendre la Grande-Avenue et suivre le boulevard de Tiène-Men. Sans doute, il eût été plus magnifique, s'il se fût agi d'un enterrement au lieu d'une noce, mais, en somme, cela méritait que les passants s'arrêtassent pour le voir passer.

Des amies, des compagnes de Lé-ou suivaient le palanquin, portant en grande pompe les dif-

férentes pièces du trousseau. Une vingtaine de
musiciens marchaient en avant avec grand fracas
d'instruments de cuivre, entre lesquels éclatait
le gong sonore. Autour du palanquin s'agitait
une foule de porteurs de torches et de lanternes
aux mille couleurs. La future restait toujours
cachée aux yeux de la foule. Les premiers regards,
auxquels la réservait l'étiquette, devaient être
ceux de son époux.

Ce fut dans ces conditions, et au milieu d'un
bruyant concours de populaire, que le cortège
arriva, vers huit heures du soir, à l'hôtel du
« Bonheur Céleste ».

Kin-Fo se tenait devant l'entrée richement
décorée. Il attendait l'arrivée du palanquin pour
en ouvrir la porte. Cela fait, il aiderait sa future
à descendre, et il la conduirait dans l'appartement
réservé, où tous deux salueraient quatre fois le
ciel. Puis, tous deux se rendraient au repas nuptial.
La future ferait quatre génuflexions devant son
mari. Celui-ci, à son tour, en ferait deux devant
elle. Ils répandraient deux ou trois gouttes de vin
sous forme de libations. Ils offriraient quelques
aliments aux esprits intermédiaires. Alors, on leur
apporterait deux coupes pleines. Ils les videraient
à demi, et, mélangeant ce qui resterait dans une
seule coupe, ils y boiraient l'un après l'autre.
L'union serait consacrée.

Le palanquin était arrivé. Kin-Fo s'avança. Un

maître de cérémonies lui remit la clef. Il la prit, ouvrit la porte, et tendit la main à la jolie Lé-ou, tout émue. La future descendit légèrement et traversa le groupe des invités, qui s'inclinèrent respectueusement en élevant la main à la hauteur de la poitrine.

Au moment où la jeune femme allait franchir la porte de l'hôtel, un signal fut donné. D'énormes cerfs-volants lumineux s'élevèrent dans l'espace et balancèrent au souffle de la brise leurs images multicolores de dragons, de phénix et autres emblèmes du mariage. Des pigeons éoliens, munis d'un petit appareil sonore, fixé à leur queue, s'envolèrent et remplirent l'espace d'une harmonie céleste. Des fusées aux mille couleurs partirent en sifflant, et de leur éblouissant bouquet s'échappa une pluie d'or.

Soudain, un bruit lointain se fit entendre sur le boulevard de Tiène-Men. C'étaient des cris auxquels se mêlaient les sons clairs d'une trompette. Puis, un silence se faisait, et le bruit reprenait après quelques instants.

Tout ce brouhaha se rapprochait et eut bientôt atteint la rue où le cortège s'était arrêté.

Kin-Fo écoutait. Ses amis, indécis, attendaient que la jeune femme entrât dans l'hôtel.

Mais, presque aussitôt, la rue se remplit d'une agitation singulière. Les éclats de la trompette redoublèrent en se rapprochant.

Kin-Fo tendit la main à la jolie Lé-ou. (Page 210.)

D'énormes cerfs-volants lumineux. (Page 210.)

« Qu'est-ce donc ? » demanda Kin-Fo.

Les traits de Lé-ou s'étaient altérés. Un secret pressentiment accélérait les battements de son cœur.

Tout à coup, la foule fit irruption dans la rue. Elle entourait un héraut à la livrée impériale, qu'escortaient plusieurs tipaos.

Et ce héraut, au milieu du silence général, jeta ces seuls mots, auxquels répondit un sourd murmure :

« Mort de l'impératrice douairière !
Interdiction ! Interdiction ! »

Kin-Fo avait compris. C'était un coup qui le frappait directement. Il ne put retenir un geste de colère !

Le deuil impérial venait d'être décrété pour la mort de la veuve du dernier empereur. Pendant un délai que fixerait la loi, interdiction à quiconque de se raser la tête, interdiction de donner des fêtes publiques et des représentations théâtrales, interdiction aux tribunaux de rendre la justice, interdiction de procéder à la célébration des mariages !

Lé-ou, désolée, mais courageuse, pour ne pas ajouter à la peine de son fiancé, faisait contre fortune bon cœur. Elle avait pris la main de son chèr Kin-Fo :

« Attendons », lui dit-elle d'une voix qui s'efforçait de cacher sa vive émotion.

« Interdiction ! Interdiction ! » (Page 213.)

Et le palanquin repartit avec la jeune femme pour sa maison de l'avenue de Cha-Coua, et les réjouissances furent suspendues, les tables desservies, les orchestres renvoyés, et les amis du désolé Kin-Fo se séparèrent, après lui avoir fait leurs compliments de condoléance.

C'est qu'il ne fallait pas se risquer à enfreindre cet impérieux décret d'interdiction !

Décidément, la mauvaise chance continuait à poursuivre Kin-Fo. Encore une occasion qui lui était donnée de mettre à profit les leçons de philosophie qu'il avait reçues de son ancien maître !

Kin-Fo était resté seul avec Craig et Fry dans cet appartement désert de l'hôtel du « Bonheur Céleste », dont le nom lui semblait maintenant un amer sarcasme. Le délai d'interdiction pouvait être prolongé suivant le bon plaisir du Fils du Ciel ! Et lui qui avait compté retourner immédiatement à Shang-Haï, pour installer sa jeune femme en ce riche yamen, devenu le sien, et recommencer une nouvelle vie dans ces conditions nouvelles !...

Une heure après, un domestique entrait et lui remettait une lettre, qu'un messager venait d'apporter à l'instant.

Kin-Fo, dès qu'il eut reconnu l'écriture de l'adresse, ne put retenir un cri. La lettre était de Wang, et voici ce qu'elle contenait :

« Ami, je ne suis pas mort, mais, quand tu recevras cette lettre, j'aurai cessé de vivre !

« Je meurs parce que je n'ai pas le courage de tenir ma promesse; mais, sois tranquille, j'ai pourvu à tout.

« Lao-Shen, un chef des Taï-ping, mon ancien compagnon, a ta lettre! Il aura la main et le cœur plus fermes que moi pour accomplir l'horrible mission que tu m'avais fait accepter. A lui reviendra donc le capital assuré sur ta tête, que je lui ai délégué, et qu'il touchera, lorsque tu ne seras plus!...

« Adieu! Je te précède dans la mort! A bientôt, ami! Adieu!

« WANG! »

XVI

DANS LEQUEL KIN-FO, TOUJOURS CÉLIBATAIRE,
RECOMMENCE A COURIR DE PLUS BELLE.

TELLE était maintenant la situation faite à Kin-Fo, plus grave mille fois qu'elle ne l'avait jamais été!

Ainsi donc, Wang, malgré la parole donnée, avait senti sa volonté se paralyser, lorsqu'il s'était agi de frapper son ancien élève! Ainsi Wang ne savait rien du changement survenu dans la fortune de Kin-Fo, puisque sa lettre ne le disait pas! Ainsi Wang avait chargé un autre de tenir sa promesse, et quel autre ! un Taï-ping redoutable entre tous, qui, lui, n'éprouverait aucun scrupule à accomplir un simple meurtre, dont on ne pourrait même le rendre responsable ! La lettre de Kin-Fo ne lui assurait-elle pas l'impunité, et, la délégation de Wang, un capital de cinquante mille dollars !

« Ah ! mais je commence à en avoir assez ! » s'écria Kin-Fo dans un premier mouvement de colère.

Craig et Fry avaient pris connaissance de la missive de Wang.

« Votre lettre, demandèrent-ils à Kin-Fo, ne porte donc pas le 25 juin comme extrême date ?

— Eh non ! répondit-il. Wang devait et ne pouvait la dater que du jour de ma mort ! Maintenant, ce Lao-Shen peut agir quand il lui plaira, sans être limité par le temps !

— Oh ! firent Fry-Craig, il a intérêt à s'exécuter à bref délai.

— Pourquoi ?...

— Afin que le capital assuré sur votre tête soit couvert par la police et ne lui échappe pas ! »

L'argument était sans réplique.

« Soit, répondit Kin-Fo. Toujours est-il que je ne dois pas perdre une heure pour reprendre ma lettre, dussé-je la payer des cinquante mille dollars garantis à ce Lao-Shen !

— Juste, dit Craig.

— Vrai ! ajouta Fry.

— Je partirai donc! On doit savoir où est maintenant ce chef Taï-ping! Il ne sera peut-être pas introuvable comme Wang! »

En parlant ainsi, Kin-Fo ne pouvait tenir en place. Il allait et venait. Cette série de coups de massue, qui s'abattaient sur lui, le mettaient dans un état de surexcitation peu ordinaire.

« Je pars! dit-il! Je vais à la recherche de Lao-Shen! Quant à vous, messieurs, faites ce qu'il vous conviendra.

— Monsieur, répondit Fry-Craig, les intérêts de la Centenaire sont plus menacés qu'ils ne l'ont jamais été! Vous abandonner dans ces circonstances serait manquer à notre devoir. Nous ne vous quitterons pas! »

Il n'y avait pas une heure à perdre. Mais, avant tout, il s'agissait de savoir au juste ce que c'était que ce Lao-Shen, et en quel endroit précis il résidait. Or, sa notoriété était telle, que cela ne fut pas difficile.

En effet, cet ancien compagnon de Wang dans le mouvement insurrectionnel des Mang-Tchao, s'était retiré au nord de la Chine, au-delà de la Grande Muraille, vers la partie voisine du golfe de Léao-Tong, qui n'est qu'une annexe du golfe de Pé-Tché-Li. Si le gouvernement impérial n'avait pas encore traité avec lui, comme il l'avait déjà fait avec quelques autres chefs de rebelles qu'il n'avait pu réduire, il le laissait du moins

opérer tranquillement sur ces territoires situés
au-delà des frontières chinoises, où Lao-Shen,
résigné à un rôle plus modeste, faisait le métier
d'écumeur de grands chemins! Ah! Wang avait
bien choisi l'homme qu'il fallait! Celui-là serait
sans scrupules et un coup de poignard de plus ou
de moins n'était pas pour inquiéter sa conscience!

Kin-Fo et les deux agents obtinrent donc de très
complets renseignements sur le Taï-ping, et
apprirent qu'il avait été signalé dernièrement aux
environs de Fou-Ning, petit port sur le golfe de
Léao-Tong. C'est donc là qu'ils résolurent de se
rendre sans plus tarder.

Tout d'abord, Lé-ou fut informée de ce qui
venait de se passer. Ses angoisses redoublèrent!
Des larmes noyèrent ses beaux yeux. Elle voulut
dissuader Kin-Fo de partir! Ne courrait-il pas
au-devant d'un inévitable danger? Ne valait-il pas
mieux attendre, s'éloigner, quitter le Céleste
Empire, au besoin, se réfugier dans quelque
partie du monde où ce farouche Lao-Shen ne
pourrait l'atteindre?

Mais Kin-Fo fit comprendre à la jeune femme
que, de vivre sous cette incessante menace, à la
merci d'un pareil coquin, à qui sa mort vaudrait
une fortune il n'en pourrait supporter la perspective! Non! Il fallait en finir une fois pour toutes.
Kin-Fo et ses fidèles acolytes partiraient le jour
même, ils arriveraient jusqu'au Taï-ping, ils

rachèteraient à prix d'or la déplorable lettre, et ils seraient de retour à Péking avant même que le décret d'interdiction eût été levé.

« Chère petite sœur, dit Kin-Fo, j'en suis à moins regretter, maintenant, que notre mariage ait été remis de quelques jours ! S'il était fait, quelle situation pour vous !

— S'il était fait, répondit Lé-ou, j'aurais le droit et le devoir de vous suivre, et je vous suivrais !

— Non ! dit Kin-Fo. J'aimerais mieux mille morts que de vous exposer à un seul péril !... Adieu, Lé-ou, adieu !... »

Et Kin-Fo, les yeux humides, s'arracha des bras de la jeune femme, qui voulait le retenir.

Le jour même, Kin-Fo, Craig et Fry, suivis de Soun, auquel la malchance ne laissait plus un instant de repos, quittaient Péking et se rendaient à Tong-Tchéou. Ce fut l'affaire d'une heure.

Ce qui avait été décidé, le voici :

Le voyage par terre, à travers une province peu sûre, offrait des difficultés très sérieuses.

S'il ne s'était agi que de gagner la Grande Muraille, dans le nord de la capitale, quels que fussent les dangers accumulés sur ce parcours de cent soixante lis [1], il aurait bien fallu les affronter. Mais ce n'était pas dans le Nord, c'était dans l'Est que se trouvait le port de Fou-Ning. A s'y rendre

---

1. Quarante lieues.

par mer, on gagnerait temps et sécurité. En quatre ou cinq jours, Kin-Fo et ses compagnons pouvaient l'avoir atteint, et alors ils aviseraient.

Mais trouverait-on un navire en partance pour Fou-Ning? C'est ce dont il convenait de s'assurer, avant toutes choses, chez les agents maritimes de Tong-Tchéou.

En cette occasion, le hasard servit Kin-Fo, que la mauvaise fortune accablait sans relâche. Un bâtiment, en charge pour Fou-Ning, attendait à l'embouchure du Peï-ho.

Prendre un de ces rapides steamboats qui desservent le fleuve, descendre jusqu'à son estuaire, s'embarquer sur le navire en question, il n'y avait pas autre chose à faire.

Craig et Fry ne demandèrent qu'une heure pour leurs préparatifs, et, cette heure, ils l'employèrent à acheter tous les appareils de sauvetage connus, depuis la primitive ceinture de liège jusqu'aux insubmersibles vêtements du capitaine Boyton. Kin-Fo valait toujours deux cent mille dollars. Il s'en allait sur mer, sans avoir à payer de surprimes, puisqu'il avait assuré tous les risques. Or, une catastrophe pouvait arriver. Il fallait tout prévoir, et, en effet, tout fut prévu.

Donc, le 26 juin, à midi, Kin-Fo, Craig-Fry et Soun s'embarquaient sur le *Peï-tang*, et descendaient le cours du Peï-ho. Les sinuosités de ce fleuve sont si capricieuses, que son parcours est

précisément le double d'une ligne droite qui joindrait Tong-Tchéou à son embouchure; mais il
est canalisé, et navigable, par conséquent, pour des
navires d'assez fort tonnage. Aussi, le mouvement
maritime y est-il considérable, et beaucoup plus
important que celui de la grande route, qui court
presque parallèlement à lui.

Le *Peï-tang* descendait rapidement entre les
balises du chenal, battant de ses aubes les eaux
jaunâtres du fleuve, et troublant de son remous les
nombreux canaux d'irrigation des deux rives. La
haute tour d'une pagode au-delà de Tong-Tchéou
fut bientôt dépassée et disparut à l'angle d'un
tournant assez brusque.

A cette hauteur, le Peï-ho n'était pas encore
large. Il coulait, ici entre des dunes sablonneuses,
là le long des petits hameaux agricoles, au milieu
d'un paysage assez boisé, que coupaient des vergers et des haies vives. Plusieurs bourgades importantes parurent, Matao, Hé-Si-Vou, Nane-Tsaë,
Yang-Tsoune, où les marées se font encore sentir.

Tien-Tsin se montra bientôt. Là, il y eut perte
de temps, car il fallut faire ouvrir le pont de l'Est,
qui réunit les deux rives du fleuve, et circuler, non
sans peine, au milieu des centaines de navires dont
le port est encombré. Cela ne se fit pas sans grandes
clameurs, et coûta à plus d'une barque les amarres
qui la retenaient dans le courant. On les coupait,
d'ailleurs, sans aucun souci du dommage qui pou-

A cette hauteur, le Peï-ho... (Page 222.)

vait en résulter. De là une confusion, un embarras de bateaux en dérive, qui aurait donné fort à faire aux maîtres de port, s'il y avait eu des maîtres de port à Tien-Tsin.

Pendant toute cette navigation, dire que Craig et Fry, plus sévères que jamais, ne quittaient pas leur client d'une semelle, ce ne serait vraiment pas dire assez.

Il ne s'agissait plus du philosophe Wang, avec lequel un accommodement eût été facile, si l'on avait pu le prévenir, mais bien de Lao-Shen, ce Taï-ping qu'ils ne connaissaient pas, ce qui le rendait bien autrement redoutable. Puisqu'on allait à lui, on aurait pu se croire en sûreté, mais qui prouvait qu'il ne s'était pas déjà mis en route pour rejoindre sa victime! Et alors comment l'éviter, comment le prévenir? Craig et Fry voyaient un assassin dans chaque passager du *Peï-tang!* Ils ne mangeaient plus, ils ne dormaient plus, ils ne vivaient plus!

Si Kin-Fo, Craig et Fry étaient très sérieusement inquiets, Soun, pour sa part, ne laissait pas d'être horriblement anxieux. La seule pensée d'aller sur mer lui faisait déjà mal au cœur. Il pâlissait à mesure que le *Peï-tang* se rapprochait du golfe de Pé-Tché-Li. Son nez se pinçait, sa bouche se contractait, et, cependant, les eaux calmes du fleuve n'imprimaient encore aucune secousse au steamboat.

Que serait-ce donç, lorsque Soun aurait à supporter les courtes lames d'une étroite mer, ces lames qui rendent les coups de tangage plus vifs et plus fréquents !

« Vous n'avez jamais navigué ? lui demanda Craig.

— Jamais !

— Cela ne va pas ? lui demanda Fry.

— Non !

— Je vous engage à redresser la tête, ajouta Craig.

— La tête ?...

— Et à ne pas ouvrir la bouche..., ajouta Fry.

— La bouche ?... »

Là-dessus, Soun fit comprendre aux deux agents qu'il aimait mieux ne pas parler, et il alla s'installer au centre du bateau, non sans avoir jeté sur le fleuve, très élargi déjà, ce regard mélancolique des personnes prédestinées à l'épreuve, un peu ridicule, du mal de mer.

Le paysage s'était alors modifié dans cette vallée que suivait le fleuve. La rive droite, plus accore, contrastait, par sa berge surélevée, avec la rive gauche, dont la longue grève écumait sous un léger ressac. Au-delà s'étendaient de vastes champs de sorgho, de maïs, de blé, de millet. Ainsi que dans toute la Chine — une mère de famille qui a tant de millions d'enfants à nourrir — il n'y avait pas une portion cultivable de terrain qui fût négligée.

Partout des canaux d'irrigation ou des appareils de bambous, sortes de norias rudimentaires, puisaient et répandaient l'eau à profusion. Çà et là, auprès des villages en torchis jaunâtre, se dressaient quelques bouquets d'arbres, entre autres de vieux pommiers, qui n'auraient point déparé une plaine normande. Sur les berges, allaient et venaient de nombreux pêcheurs, auxquels des cormorans servaient de chiens de chasse, ou, mieux, de chiens de pêche. Ces volatiles plongeaient sur un signe de leur maître, et rapportaient les poissons qu'ils n'avaient pu avaler, grâce à un anneau qui leur étranglait à demi le cou. Puis c'étaient des canards, des corneilles, des corbeaux, des pies, des éperviers, que le hennissement du steamboat faisait lever du milieu des hautes herbes.

Si la grande route, au long du fleuve, se montrait maintenant déserte, le mouvement maritime du Peï-ho ne diminuait pas. Que de bateaux de toute espèce à remonter ou descendre son cours ! Jonques de guerre avec leur batterie barbette, dont la toiture formait une courbe très concave de l'avant à l'arrière, manœuvrées par un double étage d'avirons ou par des aubes mues à main d'homme ; jonques de douanes à deux mâts, à voiles de chaloupes, que tendaient des tangons transversaux, et ornées en poupe et en proue de têtes ou de queues de fantastiques chimères ; jonques de commerce, d'un assez fort tonnage,

Ces volatiles plongeaient... (Page 226.)

vastes coques qui, chargées des plus précieux produits du Céleste Empire, ne craignent pas d'affronter les coups de typhon dans les mers voisines; jonques de voyageurs, marchant à l'aviron ou à la cordelle, suivant les heures de la marée, et faites pour les gens qui ont du temps à perdre; jonques de mandarins, petits yachts de plaisance, que remorquent leurs canots; sampans de toutes formes, voilés de nattes de jonc, et dont les plus petits, dirigés par de jeunes femmes, l'aviron au poing et l'enfant au dos, méritent bien leur nom, qui signifie : trois planches; enfin, trains de bois, véritables villages flottants, avec cabanes, vergers plantés d'arbres, semés de légumes, immenses radeaux, faits avec quelque forêt de la Mant-chourie, que les bûcherons ont abattue tout entière !

Cependant, les bourgades devenaient plus rares. On n'en compte qu'une vingtaine entre Tien-Tsin et Takou, à l'embouchure du fleuve. Sur les rives fumaient en gros tourbillons quelques fours à briques, dont les vapeurs salissaient l'air en se mêlant à celles du steamboat. Le soir arrivait, précédé du crépuscule de juin, qui se prolonge sous cette latitude. Bientôt, une succession de dunes blanches, symétriquement disposées et d'un dessin uniforme, s'estompèrent dans la pénombre. C'étaient des « mulons » de sel, recueilli dans les salines avoisinantes. Là s'ouvrait, entre des terrains arides, l'estuaire du Peï-ho, « triste paysage, dit M. de Beauvoir, qui est tout sable, tout sel, tout poussière et tout cendre ».

Le lendemain, 27 juin, avant le lever du soleil, le *Peï-tang* arrivait au port de Takou, presque à la bouche du fleuve.

En cet endroit, sur les deux rives, s'élèvent les forts du Nord et du Sud, maintenant ruinés, qui furent pris par l'armée anglo-française, en 1860. Là s'était faite la glorieuse attaque du général Collineau, le 24 août de la même année ; là, les canonnières avaient forcé l'entrée du fleuve ; là, s'étend une étroite bande de territoire, à peine occupée, qui porte le nom de concession française ; là, se voit encore le monument funéraire sous lequel sont couchés les officiers et les soldats morts dans ces combats mémorables.

Le *Peï-tang* ne devait pas dépasser la barre. Tous les passagers durent donc débarquer à Takou. C'est une ville assez importante déjà, dont le développement sera considérable, si les mandarins laissent jamais établir une voie ferrée qui la relie à Tien-Tsin.

Le navire en charge pour Fou-Ning devait mettre à la voile le jour même. Kin-Fo et ses compagnons n'avaient pas une heure à perdre. Ils firent donc accoster un sampan, et, un quart d'heure après, ils étaient à bord de la *Sam-Yep*.

XVII

Huit jours auparavant, un navire américain était venu mouiller au port de Takou. Frété par la sixième compagnie chino-californienne, il avait été chargé au compte de l'agence Fouk-Ting-Tong, qui est installée dans le cimetière de Laurel-Hill, de San Francisco.

C'est là que les Célestials, morts en Amérique, attendent le jour du rapatriement, fidèles à leur religion, qui leur ordonne de reposer dans la terre natale.

Ce bâtiment, à destination de Canton, avait pris, sur l'autorisation écrite de l'agence, un chargement de deux cent cinquante cercueils, dont soixante-quinze devaient être débarqués à Takou pour être réexpédiés aux provinces du nord.

Le transbordement de cette partie de la cargaison s'était fait du navire américain au navire chinois, et, ce matin même, 27 juin, celui-ci appareillait pour le port de Fou-Ning.

C'était sur ce bâtiment que Kin-Fo et ses compagnons avaient pris passage. Ils ne l'eussent pas choisi, sans doute ; mais, faute d'autres navires en partance pour le golfe de Léao-Tong, ils durent s'y embarquer. Il ne s'agissait, d'ailleurs, que d'une traversée de deux ou trois jours au plus, et très facile à cette époque de l'année.

La *Sam-Yep* était une jonque de mer, jaugeant environ trois cents tonneaux.

Il en est de mille et au-dessus, avec un tirant d'eau de six pieds seulement, qui leur permet de franchir la barre des fleuves du Céleste Empire. Trop larges pour leur longueur, avec un bau du quart de la quille, elles marchent mal, si ce n'est au plus près, paraît-il, mais elles virent sur place, en pivotant comme une toupie, ce qui leur donne avantage sur des bâtiments plus fins de lignes. Le safran de leur énorme gouvernail est percé de trous, système très préconisé en Chine, dont l'effet paraît assez contestable. Quoi qu'il en soit, ces vastes navires affrontent volontiers les mers riveraines. On cite même une de ces jonques, qui, nolisée par une maison de Canton, vint, sous le commandement d'un capitaine américain, apporter à San Francisco une cargaison de thé et de porcelaines. Il est donc prouvé que ces bâtiments peuvent bien tenir la mer, et les hommes compétents sont d'accord sur ce point, que les Chinois font des marins excellents.

La *Sam-Yep*, de construction moderne, presque droite de l'avant à l'arrière, rappelait par son gabarit la forme des coques européennes. Ni clouée ni chevillée, faite de bambous cousus, calfatée d'étoupe et de résine du Cambodje, elle était si étanche, qu'elle ne possédait pas même de pompe de cale. Sa légèreté la faisait flotter sur l'eau comme un morceau de liège. Une ancre, fabriquée d'un bois très dur, un gréement en fibres de palmier, d'une flexibilité remarquable, des voiles souples, qui se manœuvraient du pont, se fermant ou s'ouvrant à la façon d'un éventail, deux mâts disposés comme le grand mât et le mât de misaine d'un lougre, pas de tape-cul, pas de focs, telle était cette jonque, bien comprise, en somme, et bien appareillée pour les besoins du petit cabotage.

Certes, personne, à voir la *Sam-Yep,* n'eût deviné que ses affréteurs l'avaient transformée, cette fois, en un énorme corbillard.

En effet, aux caisses de thé, aux ballots de soieries, aux pacotilles de parfumeries chinoises, s'était substituée la cargaison que l'on sait. Mais la jonque n'avait rien perdu de ses vives couleurs. A ses deux rouffles de l'avant et de l'arrière se balançaient oriflammes et houppes multicolores. Sur sa proue s'ouvrait un gros œil flamboyant, qui lui donnait l'aspect de quelque gigantesque animal marin. A la pomme de ses mâts, la brise déroulait l'éclatante étamine du pavillon chinois. Deux caronades allongeaient au-dessus du bastingage leurs gueules luisantes, qui réfléchissaient comme un miroir les rayons solaires. Utiles engins dans ces mers encore infestées de pirates ! Tout cet ensemble était gai, pimpant, agréable au regard. Après tout, n'était-ce pas un rapatriement qu'opérait la *Sam-Yep*, — un rapatriement de cadavres, il est vrai, mais de cadavres satisfaits!

Ni Kin-Fo ni Soun ne pouvaient éprouver la moindre répugnance à naviguer dans ces conditions. Ils étaient trop Chinois pour cela. Craig et Fry, semblables à leurs compatriotes américains, qui n'aiment pas à transporter ce genre de cargaison, eussent sans doute préféré tout autre navire de commerce, mais ils n'avaient pas eu le choix.

Un capitaine et six hommes, composant l'équipage de la jonque, suffisaient aux manœuvres très simples de la voilure. La boussole, dit-on, a été inventée en Chine. Cela est possible, mais les caboteurs ne s'en servent jamais et naviguent au juger. C'est bien ce qu'allait faire le capitaine Yin, commandant la *Sam-Yep*, qui comptait, d'ailleurs, ne point perdre de vue le littoral du golfe.

Ce capitaine Yin, un petit homme à figure riante, vif et loquace, était la démonstration vivante de cet insoluble problème du mouvement perpétuel. Il ne pouvait tenir en place. Il abondait en gestes. Ses bras, ses mains, ses yeux parlaient encore plus que sa langue, qui, cependant, ne se reposait jamais derrière ses dents blanches. Il bousculait ses hommes, il les interpellait, il les injuriait; mais, en somme, bon marin, très pratique de ces côtes, et manœuvrant sa jonque comme s'il l'eût tenue entre les doigts. Le haut prix que Kin-Fo payait pour ses compagnons et lui n'était pas pour altérer son humeur joviale. Des passagers qui venaient de verser cent cinquante taëls [1] pour une traversée de soixante heures, quelle aubaine, surtout s'ils ne se montraient pas plus exigeants pour le confort et la nourriture que leurs compagnons de voyage, emboîtés dans la cale !

Kin-Fo, Craig et Fry avaient été logés, tant bien que mal, sous le rouffle de l'arrière, Soun dans celui de l'avant.

Les deux agents, toujours en défiance, s'étaient livrés à un minutieux examen de l'équipage et du capitaine. Ils ne trouvèrent rien de suspect dans l'attitude de ces braves gens. Supposer qu'ils pouvaient être d'accord avec Lao-Shen, c'était hors de toute vraisemblance, puisque le hasard seul avait mis cette jonque à la disposition de leur client, et comment le hasard eût-il été le complice du trop fameux Taï-ping ! La traversée, sauf les dangers de mer, devait donc interrompre pour quelques jours leurs quotidiennes inquiétudes. Aussi laissèrent-ils Kin-Fo plus à lui-même.

Celui-ci, du reste, n'en fut pas fâché. Il s'isola dans sa cabine et s'abandonna à « philosopher » tout à son aise. Pauvre homme, qui n'avait pas su apprécier son bonheur, ni comprendre ce que

---

1. 1 200 francs environ.

valait cette existence, exempte de soucis, dans le
yamen de Shang-Haï, et que le travail aurait pu
transformer ! Qu'il rentrât dans la possession de sa
lettre, et l'on verrait si la leçon lui aurait profité,
si le fou serait devenu sage !

Mais, cette lettre lui serait-elle enfin restituée !
Oui, sans aucun doute, puisqu'il mettrait le prix
à sa restitution. Ce ne pouvait être pour ce Lao-
Shen qu'une question d'argent ! Toutefois, il
fallait le surprendre et ne point être surpris !
Grosse difficulté. Lao-Shen devait se tenir au
courant de tout ce que faisait Kin-Fo ; Kin-Fo ne
savait rien de ce que faisait Lao-Shen. De là,
danger très sérieux, dès que le client de Craig-Fry
aurait débarqué dans la province qu'exploitait le
Taï-ping. Tout était donc là : le prévenir. Très
évidemment, Lao-Shen aimerait mieux toucher
cinquante mille dollars de Kin-Fo vivant que
cinquante mille dollars de Kin-Fo mort. Cela lui
épargnerait un voyage à Shang-Haï et une visite
aux bureaux de la Centenaire, qui n'auraient
peut-être pas été sans danger pour lui, quelle que
fût la longanimité du gouvernement à son égard.

Ainsi songeait le bien métamorphosé Kin-Fo, et
l'on peut croire que l'aimable jeune veuve de Péking
prenait une grande place dans ses projets d'avenir !

Pendant ce temps, à quoi réfléchissait Soun ?

Soun ne réfléchissait pas. Soun restait étendu
dans le rouffle, payant son tribut aux divinités

malfaisantes du golfe de Pé-Tché-Li. Il ne parvenait à rassembler quelques idées que pour maudire,
et son maître, et le philosophe Wang, et le bandit
Lao-Shen! Son cœur était stupide! *Ai ai ya!* ses
idées stupides, ses sentiments stupides! Il ne
pensait plus ni au thé ni au riz! *Ai ai ya!* Quel
vent l'avait poussé là, par erreur! Il avait eu
mille fois, dix mille fois tort d'entrer au service
d'un homme qui s'en allait sur mer! Il donnerait
volontiers ce qui lui restait de queue pour ne pas
être là! Il aimerait mieux se raser la tête, se faire
bonze! Un chien jaune! c'était un chien jaune,
qui lui dévorait le foie et les entrailles! *Ai ai ya!*

Cependant, sous la poussée d'un joli vent du
sud, la *Sam-yep* longeait à trois ou quatre milles
les basses grèves du littoral, qui courait alors est
et ouest. Elle passa devant Peh-Tang, à l'embouchure du fleuve de ce nom, non loin de l'endroit
où les armées européennes opérèrent leur débar-
quement, puis devant Shan-Tung, devant
Tschiang-Ho, aux bouches du Tau, devant Haï-
Vé-Tsé.

Cette partie du golfe commençait à devenir
déserte. Le mouvement maritime, assez important
à l'estuaire du Peï-ho, ne rayonnait pas à vingt
milles au-delà. Quelques jonques de commerce,
faisant le petit cabotage, une douzaine de barques
de pêche, exploitant les eaux poissonneuses de la
côte et les madragues du rivage, au large l'hori-

zon absolument vide, tel était l'aspect de cette portion de mer.

Craig et Fry observèrent que les bateaux-pêcheurs, même ceux dont la capacité ne dépassait pas cinq ou six tonneaux, étaient armés d'un ou deux petits canons.

A la remarque qu'ils en firent au capitaine Yin, celui-ci répondit, en se frottant les mains :

« Il faut bien faire peur aux pirates !

— Des pirates dans cette partie du golfe de Pé-Tché-Li ! s'écria Craig, non sans quelque surprise.

— Pourquoi pas ! répondit Yin. Ici comme partout ! Ces braves gens ne manquent pas dans les mers de Chine ! »

Et le digne capitaine riait en montrant la double rangée de ses dents éclatantes.

« Vous ne semblez pas trop les redouter ? lui fit observer Fry.

— N'ai-je pas mes deux caronades, deux gaillardes qui parlent haut, quand on les approche de trop près !

— Sont-elles chargées ? demanda Craig.

— Ordinairement.

— Et maintenant ?...

— Non.

— Pourquoi ? demanda Fry.

— Parce que je n'ai pas de poudre à bord, répondit tranquillement le capitaine Yin.

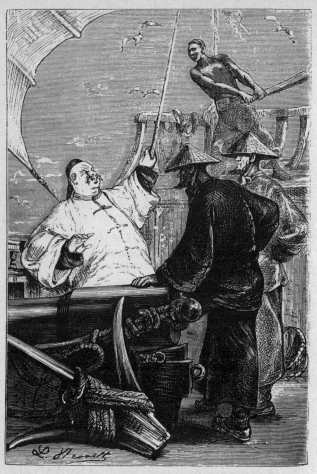

« Sont-elles chargées ? » demanda Craig. (Page 237.)

— Alors, à quoi bon des caronades? dirent Craig-Fry, peu satisfaits de la réponse.

— A quoi bon! s'écria le capitaine. Eh! pour défendre une cargaison, quand elle en vaut la peine, lorsque ma jonque est bondée jusqu'aux écoutilles de thé ou d'opium! Mais, aujourd'hui, avec son chargement!...

— Et comment des pirates, dit Craig, sau-raient-ils si votre jonque vaut ou non la peine d'être attaquée?

— Vous craignez donc bien la visite de ces braves gens? répondit le capitaine, qui pirouetta en haussant les épaules.

— Mais oui, dit Fry.

— Vous n'avez seulement pas de pacotille à bord!

— Soit, ajouta Craig, mais nous avons des rai-sons particulières pour ne point désirer leur visite!

— Eh bien, soyez sans inquiétude! répondit le capitaine. Les pirates, si nous en rencontrons, ne donneront pas la chasse à notre jonque!

— Et pourquoi?

— Parce qu'ils sauront d'avance à quoi s'en tenir sur la nature de sa cargaison, dès qu'ils l'auront en vue. »

Et le capitaine Yin montrait un pavillon blanc que la brise déployait à mi-mât de la jonque.

« Pavillon blanc en berne! Pavillon de deuil!

Ces braves gens ne se dérangeraient pas pour piller un chargement de cercueils !

— Ils peuvent croire que vous naviguer sous pavillon de deuil, par prudence, fit observer Craig, et venir à bord vérifier...

— S'ils viennent, nous les recevrons, répondit le capitaine Yin, et, quand ils nous auront rendu visite, ils s'en iront comme ils seront venus ! »

Craig-Fry n'insistèrent pas, mais ils partageaient médiocrement l'inaltérable quiétude du capitaine. La capture d'une jonque de trois cents tonneaux, même sur lest, offrait assez de profit aux « braves gens » dont parlait Yin pour qu'ils voulussent tenter le coup. Quoi qu'il en soit, il fallait maintenant se résigner et espérer que la traversée s'accomplirait heureusement.

D'ailleurs, le capitaine n'avait rien négligé pour s'assurer les chances favorables. Au moment d'appareiller, un coq avait été sacrifié en l'honneur des divinités de la mer. Au mât de misaine pendaient encore les plumes du malheureux gallinacé. Quelques gouttes de son sang, répandues sur le pont, une petite coupe de vin, jetée par-dessus le bord, avaient complété ce sacrifice propitiatoire. Ainsi consacrée, que pouvait craindre la jonque *Sam-Yep*, sous le commandement du digne capitaine Yin ?

On doit croire, cependant, que les capricieuses divinités n'étaient pas satisfaites. Soit que le

coq fût trop maigre, soit que le vin n'eût pas été
puisé aux meilleurs clos de Chao-Chigne, un
terrible coup de vent fondit sur la jonque. Rien
n'avait pu le faire prévoir, pendant cette journée, nette, claire, bien balayée par une jolie
brise. Le plus perspicace des marins n'aurait pas
senti qu'il se préparait quelque « coup de chien ».

Vers huit heures du soir, la *Sam-Yep*, tout dessus,
se disposait à doubler le cap, que dessine le littoral en remontant vers le nord-est. Au-delà, elle
n'aurait plus qu'à courir grand largue, allure très
favorable à sa marche. Le capitaine Yin comptait
donc, sans trop présumer de ses forces, avoir
atteint sous vingt-quatre heures les atterrages de
Fou-Ning.

Ainsi, Kin-Fo voyait approcher l'heure du mouil-
lage, non sans quelque mouvement d'une impatience qui devenait féroce chez Soun. Quant à
Fry-Craig, ils faisaient cette remarque : c'est que
si dans trois jours leur client avait retiré des
mains de Lao-Shen la lettre qui compromettait
son existence, ce serait à l'instant même où la
Centenaire n'aurait plus à s'inquiéter de lui.
En effet, sa police ne le couvrait que jusqu'au
30 juin, à minuit, puisqu'il n'avait opéré qu'un
premier versement de deux mois entre les mains
de l'honorable William J. Bidulph. Et alors :

« All..., dit Fry.

— Right ! » ajouta Craig.

Vers le soir, au moment où la jonque arrivait à l'entrée du golfe de Léao-Tong, le vent sauta brusquement au nord-est; puis, passant par le nord, deux heures après, il soufflait du nord-ouest.

Si le capitaine Yin avait eu un baromètre à bord, il aurait pu constater que la colonne mercurielle venait de perdre quatre à cinq millimètres presque subitement. Or, cette rapide raréfaction de l'air présageait un typhon [1] peu éloigné, dont le mouvement allégeait déjà les couches atmosphériques. D'autre part, si le capitaine Yin eût connu les observations de l'Anglais Paddington et de l'Américain Maury, il aurait essayé de changer sa direction et de gouverner au nord-est, dans l'espoir d'atteindre une aire moins dangereuse, hors du centre d'attraction de la tempête tournante.

Mais le capitaine Yin ne faisait jamais usage du baromètre, il ignorait la loi des cyclones. D'ailleurs, n'avait-il pas sacrifié un coq, et ce sacrifice ne devait-il pas le mettre à l'abri de toute éventualité?

Néanmoins, c'était un bon marin, ce superstitieux Chinois, et il le prouva dans ces circonstances. Par instinct, il manœuvra comme l'aurait pu faire un capitaine-européen

1. Les tempêtes tournantes s'appellent « tornados » sur la côte O. de l'Afrique, et « typhons » dans les mers de Chine. Leur nom scientifique est « cyclones ».

Le capitaine ne riait plus. (Page 244.)

Ce typhon n'était qu'un petit cyclone, doué par conséquent d'une très grande vitesse de rotation et d'un mouvement de translation qui dépassait cent kilomètres à l'heure. Il poussa donc la *Sam-Yep* vers l'est, circonstance heureuse en somme, puisque, à courir ainsi, la jonque s'élevait d'une côte qui n'offrait aucun abri, et sur laquelle elle se fût immanquablement perdue en peu de temps.

A onze heures du soir, la tempête atteignit son maximum d'intensité. Le capitaine Yin, bien secondé par son équipage, manœuvrait en véritable homme de mer. Il ne riait plus, mais il avait gardé tout son sang-froid. Sa main, solidement fixée à la barre, dirigeait le léger navire, qui s'élevait à la lame comme une mauve.

Kin-Fo avait quitté le rouffle de l'arrière. Accroché au bastingage, il regardait le ciel avec ses nuages diffus, déloquetés par l'ouragan, qui traînaient sur les eaux leurs haillons de vapeurs. Il contemplait la mer, toute blanche dans cette nuit noire, et dont le typhon, par une aspiration gigantesque, soulevait les eaux au-dessus de leur niveau normal. Le danger ne l'étonnait ni ne l'effrayait. Cela faisait partie de la série d'émotions que lui réservait la malchance, acharnée contre sa personne. Une traversée de soixante heures, sans tempête, en plein été, c'était bon pour les heureux du jour, et il n'était plus de ces heureux-là!

Craig et Fry se sentaient beaucoup plus inquiets, toujours en raison de la valeur marchande de leur client. Certes, leur vie valait celle de Kin-Fo. Eux morts avec lui, ils n'auraient plus à se préoccuper des intérêts de la Centenaire. Mais ces agents consciencieux s'oubliaient et ne songeaient qu'à faire leur devoir. Périr, bien! Avec Kin-Fo, soit! mais après le 30 juin, minuit! Sauver un million, voilà ce que voulaient Craig-Fry! Voilà ce que pensaient Fry-Craig!

Quant à Soun, il ne se doutait pas que la jonque fût en perdition, ou plutôt, pour lui, on se trouvait en perdition du moment qu'on s'aventurait sur le perfide élément, même par le plus beau temps du monde. Ah! les passagers de la cale n'étaient pas à plaindre! *Ai ai ya!* Ils ne sentaient ni roulis ni tangage! *Ai ai ya!* Et l'infortuné Soun se demandait si, à leur place, il n'aurait pas eu le mal de mer!

Pendant trois heures, la jonque fut extrêmement compromise. Un faux coup de barre l'aurait perdue, car la mer eût déferlé sur le pont. Si elle ne pouvait pas plus chavirer qu'une baille, elle pouvait, du moins, s'emplir et couler. Quant à la maintenir dans une direction constante, au milieu de lames fouettées par le tourbillon du cyclone, il n'y fallait pas songer. Quant à estimer la route parcourue et suivie, il n'y fallait pas prétendre.

Cependant, un heureux hasard fit que la *Sam-Yep* atteignit, sans avaries graves, le centre de ce gigantesque disque atmosphérique, qui couvrait une aire de cent kilomètres. Là se trouvait un espace de deux à trois milles, mer calme, vent à peine sensible. C'était comme un lac paisible au milieu d'un océan démonté.

Ce fut le salut de la jonque, que l'ouragan avait poussée là, à sec de toile. Vers trois heures du matin, la fureur du cyclone tombait comme par enchantement, et les eaux furieuses tendaient à s'apaiser autour de ce petit lac central.

Mais, lorsque le jour vint, la *Sam-Yep* eût vainement cherché quelque terre à l'horizon. Plus une côte en vue. Les eaux du golfe, reculées jusqu'à la ligne circulaire du ciel, l'entouraient de toutes parts.

XVIII

OÙ CRAIG ET FRY, POUSSÉS PAR LA CURIOSITÉ, VISITENT LA CALE DE LA « SAM-YEP ».

« Où sommes-nous, capitaine Yin ? demanda Kin-Fo lorsque tout péril fut passé.

— Je ne puis le savoir au juste, répondit le capitaine, dont la figure était redevenue joviale.

— Dans le golfe de Pé-Tché-Li ?

— Peut-être.

— Ou dans le golfe de Léao-Tong?

— Cela est possible.

— Mais où aborderons-nous?

— Où le vent nous poussera!

— Et quand?

— Il m'est impossible de le dire.

— Un vrai Chinois est toujours orienté, monsieur le capitaine, reprit Kin-Fo d'assez mauvaise humeur, en citant un dicton très à la mode dans l'Empire du Milieu.

— Sur terre, oui! répondit le capitaine Yin. Sur mer, non! »

Et sa bouche de se fendre jusqu'à ses oreilles.

« Il n'y a pas matière à rire, dit Kin-Fo.

— Ni à pleurer », répliqua le capitaine.

La vérité est que, si la situation n'avait rien d'alarmant, il était impossible au capitaine Yin de dire où se trouvait la *Sam-Yep*. Sa direction pendant la tempête tournante, comment l'eût-il relevée, sans boussole et sous l'action d'un vent dispersé sur les trois quarts du compas? La jonque, ses voiles serrées, échappant presque entièrement à l'influence du gouvernail, avait été le jouet de l'ouragan. Ce n'était donc pas sans raison que les réponses du capitaine avaient été si incertaines. Seulement, il aurait pu les produire avec moins de jovialité.

Cependant, tout compte fait, qu'elle eût été

entraînée dans le golfe de Léao-Tong ou rejetée dans le golfe de Pé-Tché-Li, la *Sam-Yep* ne pouvait hésiter à mettre le cap au nord-ouest. La terre devait nécessairement se trouver dans cette direction. Question de distance, voilà tout.

Le capitaine Yin eût donc hissé ses voiles et marché dans le sens du soleil, qui brillait alors d'un vif éclat, si cette manœuvre eût été possible en ce moment.

Elle ne l'était pas.

En effet, calme plat après le typhon, pas un courant dans les couches atmosphériques, pas un souffle de vent. Une mer sans rides, à peine gonflée par les ondulations d'une large houle, simple balancement, auquel manque le mouvement de translation. La jonque s'élevait et s'abaissait sous une force régulière, qui ne la déplaçait pas. Une vapeur chaude pesait sur les eaux, et le ciel, si profondément troublé, pendant la nuit, semblait maintenant impropre à une lutte des éléments. C'était un de ces calmes « blancs », dont la durée échappe à toute appréciation.

« Très bien ! se dit Kin-Fo. Après la tempête, qui nous a entraînés au large, le défaut de vent qui nous empêche de revenir vers la terre ! »

Puis, s'adressant au capitaine :

« Que peut durer ce calme ? demanda-t-il.

— Dans cette saison, monsieur ! Eh ! qui pourrait le savoir ? répondit le capitaine.

« Que peut durer ce calme ? » (Page 248.)

— Des heures ou des jours ?

— Des jours ou des semaines ! répliqua Yin avec un sourire de parfaite résignation, qui faillit mettre son passager en fureur.

— Des semaines ! s'écria Kin-Fo. Est-ce que vous croyez que je puis attendre des semaines !

— Il le faudra bien, à moins que nous ne traînions notre jonque à la remorque !

— Au diable votre jonque, et tous ceux qu'elle porte, et moi le premier, qui ai eu la mauvaise idée de prendre passage à son bord !

— Monsieur, répondit le capitaine Yin, voulez-vous que je vous donne deux bons conseils ?

— Donnez !

— Le premier, c'est d'aller tranquillement dormir, comme je vais le faire, ce qui sera sage, après toute une nuit passée sur le pont.

— Et le second ? demanda Kin-Fo, que le calme du capitaine exaspérait autant que le calme de la mer.

— Le second ? répondit Yin, c'est d'imiter mes passagers de la cale. Ceux-là ne se plaignent jamais et prennent le temps comme il vient. »

Sur cette philosophique observation, digne de Wang en personne, le capitaine regagna sa cabine, laissant deux ou trois hommes de l'équipage étendus sur le pont.

Pendant un quart d'heure, Kin-Fo se promena de l'avant à l'arrière, les bras croisés, ses doigts

battant les trilles de l'impatience. Puis, jetant
un dernier regard à cette morne immensité,
dont la jonque occupait le centre, il haussa les
épaules, et rentra dans le rouffle, sans avoir
même adressé la parole à Fry-Craig.

Les deux agents, cependant, étaient là, appuyés
sur la lisse, et, suivant leur habitude, causaient
sympathiquement, sans parler. Ils avaient entendu
les demandes de Kin-Fo, les réponses du capitaine,
mais sans prendre part à la conversation. A quoi
leur eût servi de s'y mêler, et pourquoi, surtout,
se seraient-ils plaints de ces retards, qui mettaient
leur client de si mauvaise humeur ?

En effet, ce qu'ils perdaient en temps, ils le
gagnaient en sécurité. Puisque Kin-Fo ne courait
aucun danger à bord et que la main de Lao-Shen
ne pouvait l'y atteindre, que pouvaient-ils demander de mieux ?

En outre, le terme après lequel leur responsa-
bilité serait dégagée approchait. Quarante heures
encore, et toute l'armée des Taï-ping se serait
ruée sur l'ex-client de la Centenaire, qu'ils n'auraient pas risqué un cheveu pour le défendre.
Très pratiques, ces Américains ! Dévoués à Kin-Fo
tant qu'il valait deux cent mille dollars ! Absolument indifférents à ce qui lui arriverait, quand
il ne vaudrait plus une sapèque !

Craig et Fry, ayant ainsi raisonné, déjeunèrent
de fort bon appétit. Leurs provisions étaient

d'excellente qualité. Ils mangèrent du même plat, à la même assiette, la même quantité de bouchées de pain et de morceaux de viande froide. Ils burent le même nombre de verres d'un excellent vin de Chao-Chigne, à la santé de l'honorable William J. Bidulph. Ils fumèrent la même demi-douzaine de cigares, et prouvèrent une fois de plus qu'on peut être « Siamois » de goûts et d'habitudes, si on ne l'est pas de naissance.

Braves Yankees, qui croyaient être au bout de leurs peines !

La journée s'écoula sans incidents, sans accidents. Toujours même calme de l'atmosphère, même aspect « flou » du ciel. Rien qui fît prévoir un changement dans l'état météorologique. Les eaux de la mer s'étaient immobilisées comme celles d'un lac.

Vers quatre heures, Soun reparut sur le pont, chancelant, titubant, semblable à un homme ivre, bien que de sa vie il n'eût jamais moins bu que pendant ces derniers jours.

Après avoir été violette au début, puis indigo, puis bleue, puis verte, sa face, maintenant, tendait à redevenir jaune. Une fois à terre, lorsqu'elle serait orangée, sa couleur habituelle, et qu'un mouvement de colère la rendrait rouge, elle aurait passé successivement et dans leur ordre naturel par toute la gamme des couleurs du spectre solaire.

Soun se traîna vers les deux agents, les yeux

à demi fermés, sans oser regarder au-delà des bastingages de la *Sam-Yep*.

« Arrivés ?... demanda-t-il.

— Non, répondit Fry.

— Arrivons ?...

— Non, répondit Craig.

— *Ai ai ya !* » fit Soun.

Et, désespéré, n'ayant pas la force d'en dire plus long, il alla s'étendre au pied du grand mât, agité de soubresauts convulsifs, qui remuaient sa natte écourtée comme une petite queue de chien.

Cependant, et d'après les ordres du capitaine Yin, les panneaux du pont avaient été ouverts, afin d'aérer la cale. Bonne précaution, et d'un homme entendu. Le soleil aurait vite fait d'absorber l'humidité que deux ou trois lames, embarquées pendant le typhon, avaient introduite à l'intérieur de la jonque.

Craig-Fry, en se promenant sur le pont, s'étaient arrêtés plusieurs fois devant le grand panneau. Un sentiment de curiosité les poussa bientôt à visiter cette cale funéraire. Ils descendirent donc par l'épontille entaillée, qui y donnait accès.

Le soleil dessinait alors un grand trapèze de lumière à l'aplomb même du grand panneau ; mais la partie avant et arrière de la cale restait dans une obscurité profonde. Cependant, les yeux de Craig-Fry se firent bientôt à ces ténèbres, et ils purent observer l'arrimage de cette cargaison spéciale de la *Sam-Yep*.

La cale n'était point divisée, ainsi que cela se fait dans la plupart des jonques de commerce, par des cloisons transversales. Elle demeurait donc libre de bout en bout; entièrement réservée au chargement, quel qu'il fût, car les rouffles du pont suffisaient au logement de l'équipage.

De chaque côté de cette cale, propre comme l'antichambre d'un cénotaphe, s'étageaient les soixante-quinze cercueils à destination de Fou-Ning. Solidement arrimés, ils ne pouvaient ni se déplacer aux coups de roulis et de tangage, ni compromettre en aucune façon la sécurité de la jonque.

Une coursive, laissée libre entre la double rangée de bières, permettait d'aller d'une extrémité à l'autre de la cale, tantôt en pleine lumière à l'ouvert des deux panneaux, tantôt dans une obscurité relative.

Craig et Fry, silencieux comme s'ils eussent été dans un mausolée, s'engagèrent à travers cette coursive.

Ils regardaient, non sans quelque curiosité.

Là étaient des cercueils de toutes formes, de toutes dimensions, les uns riches, les autres pauvres. De ces émigrants, que les nécessités de la vie avaient entraînés au-delà du Pacifique, ceux-là avaient fait fortune aux placers californiens, aux mines de la Névada ou du Colorado, en petit nombre, hélas! Les autres, arrivés misérables, s'en retournaient tels. Mais tous revenaient au pays natal, égaux dans la mort. Une dizaine de bières en bois précieux, ornées avec toute la fantaisie du luxe chinois, les autres simplement faites de quatre planches, grossièrement ajustées et peintes en jaune, telle était la cargaison du navire. Riche ou pauvre, chaque cercueil portait un nom que Fry-Craig purent lire en passant : Lien-Fou de Yun-Ping-Fu, Nan-Loou de Fou-Ning, Shen-Kin de Lin-Kia, Luang de Ku-Li-Koa, etc. Il n'y avait pas de confusion possible. Chaque cadavre, soigneusement étiqueté, serait expédié à son adresse, et irait attendre dans les vergers, au milieu des champs, à la surface des plaines, l'heure de la sépulture définitive.

« Bien compris! dit Fry.

— Bien tenu! » répondit Craig.

Ils n'auraient pas parlé autrement des magasins d'un marchand et des docks d'un consignataire de San Francisco ou de New York!

Craig et Fry, arrivés à l'extrémité de la cale, vers l'avant, dans la partie la plus obscure, s'étaient arrêtés et regardaient la coursive, nettement dessinée comme une allée de cimetière.

Leur exploration achevée, ils s'apprêtaient à revenir sur le pont, lorsqu'un léger bruit se fit entendre, qui attira leur attention

« Quelque rat ! dit Craig.

— Quelque rat ! » répondit Fry.

Mauvaise cargaison pour ces rongeurs ! Un chargement de millet, de riz ou de maïs, eût mieux fait leur affaire !

Cependant, le bruit continuait. Il se produisait à hauteur d'homme, sur tribord, et, conséquemment, à la rangée supérieure des bières. Si ce n'était un grattement de dents, ce ne pouvait être qu'un grattement de griffes ou d'ongles ?

« Frrr ! Frrr ! » firent Craig et Fry.

Le bruit ne cessa pas.

Les deux agents, se rapprochant, écoutèrent en retenant leur respiration. Très certainement, ce grattement se produisait à l'intérieur de l'un des cercueils.

« Est-ce qu'ils auraient mis dans une de ces boîtes quelque Chinois en léthargie ? ... dit Craig.

— Et qui se réveillerait, après une traversée de cinq semaines ? » répondit Fry.

Les deux agents posèrent la main sur la bière suspecte et constatèrent, à ne pouvoir se tromper, qu'un mouvement se faisait dans l'intérieur.

« Diable ! dit Craig.

— Diable ! » dit Fry.

La même idée leur était naturellement venue à tous deux que quelque prochain danger menaçait leur client.

Aussitôt, retirant peu à peu la main, ils sentirent

« Frrr! Frrr! » firent Craig et Fry. (Page 256.)

que le couvercle du cercueil se soulevait avec précaution.

Craig et Fry, en gens que rien ne saurait surprendre, restèrent immobiles, et, puisqu'ils ne pouvaient voir dans cette profonde obscurité, ils écoutèrent, non sans anxiété.

« Est-ce toi, Couo ? » dit une voix, que contenait un sentiment d'excessive prudence.

Presque en même temps, de l'une des bières de bâbord, qui s'entrouvrit, une autre voix murmura :

« Est-ce toi, Fâ-Kien ? »

Et ces quelques paroles furent rapidement échangées :

« C'est pour cette nuit ?...

— Pour cette nuit.

— Avant que la lune ne se lève ?

— A la deuxième veille.

— Et nos compagnons ?

— Ils sont prévenus.

— Trente-six heures de cercueil, j'en ai assez !

— J'en ai trop !

— Enfin, Lao-Shen l'a voulu !

— Silence ! »

Au nom du célèbre Taï-ping, Craig-Fry, si maîtres d'eux-mêmes qu'ils fussent, n'avaient pu retenir un léger mouvement.

Soudain, les couvercles étaient retombés sur les boîtes oblongues. Un silence absolu régnait dans la cale de la *Sam-Yep*.

Fry et Craig, rampant sur les genoux, rega-
gnèrent la partie de la coursive éclairée par le
grand panneau, et remontèrent les entailles de
l'épontille. Un instant après, ils s'arrêtaient à
l'arrière du rouffle, là où personne ne pouvait les
entendre.

« Morts qui parlent..., dit Craig.

— Ne sont pas morts ! » répondit Fry.

Un nom leur avait tout révélé, le nom de Lao-
Shen !

Ainsi donc, des compagnons de ce redoutable
Taï-ping s'étaient glissés à bord. Pouvait-on douter
que ce fût avec la complicité du capitaine Yin, de
son équipage, des chargeurs du port de Takou, qui
avaient embarqué la funèbre cargaison ? Non !
Après avoir été débarqués du navire américain, qui
les ramenait de San Francisco, les cercueils étaient
restés dans un dock pendant deux nuits et deux
jours. Une dizaine, une vingtaine, plus peut-être,
de ces pirates affiliés à la bande de Lao-Shen, vio-
lant les cercueils, les avaient vidés de leurs cadavres,
afin d'en prendre la place. Mais, pour tenter ce
coup, sous l'inspiration de leur chef, ils avaient
donc su que Kin-Fo allait s'embarquer sur la *Sam-
Yep* ? Or, comment avaient-ils pu l'apprendre ?

Point absolument obscur, qu'il était inopportun,
d'ailleurs, de vouloir éclaircir en ce moment.

Ce qui était certain, c'est que des Chinois de la
pire espèce se trouvaient à bord de la jonque

depuis le départ de Takou, c'est que le nom de Lao-Shen venait d'être prononcé par l'un d'eux, c'est que la vie de Kin-Fo était directement et prochainement menacée!

Cette nuit même, cette nuit du 28 au 29 juin, allait coûter deux cent mille dollars à la Centenaire, qui, cinquante-quatre heures plus tard, la police n'étant pas renouvelée, n'aurait plus rien eu à payer aux ayants droit de son ruineux client!

Ce serait ne pas connaître Fry et Craig que d'imaginer qu'ils perdirent la tête en ces graves conjonctures. Leur parti fut pris immédiatement : il fallait obliger Kin-Fo à quitter la jonque avant l'heure de la deuxième veille, et fuir avec lui.

Mais comment s'échapper? S'emparer de l'unique embarcation du bord? Impossible. C'était une lourde pirogue qui exigeait les efforts de tout l'équipage pour être hissée du pont et mise à la mer. Or, le capitaine Yin et ses complices ne s'y seraient pas prêtés. Donc, nécessité d'agir autrement, quels que fussent les dangers à courir.

Il était alors sept heures du soir. Le capitaine, enfermé dans sa cabine, n'avait pas reparu. Il attendait évidemment l'heure convenue avec les compagnons de Lao-Shen.

« Pas un instant à perdre! » dirent Fry-Craig.

Non! pas un! Les deux agents n'auraient pas été plus menacés sur un brûlot, entraîné au large, mèche allumée.

La jonque semblait alors abandonnée à la dérive. Un seul matelot dormait à l'avant.

Craig et Fry poussèrent la porte du rouffle de l'arrière, et arrivèrent près de Kin-Fo.

Kin-Fo dormait.

La pression d'une main l'éveilla.

« Que me veut-on ? » dit-il.

En quelques mots, Kin-Fo fut mis au courant de la situation. Le courage et le sang-froid ne l'abandonnèrent pas.

« Jetons tous ces faux cadavres à la mer ! » s'écria-t-il.

Une crâne idée, mais absolument inexécutable, étant donné la complicité du capitaine Yin et de ses passagers de la cale.

« Que faire alors ? demanda-t-il.

— Revêtir ceci ! » répondirent Fry-Craig.

Ce disant, ils ouvrirent un des colis embarqués à Tong-Tchéou et présentèrent à leur client un de ces merveilleux appareils nautiques, inventés par le capitaine Boyton. Le colis contenait encore trois autres appareils avec les différents ustensiles qui les complétaient et en faisaient des engins de sauvetage de premier ordre.

« Soit, dit Kin-Fo. Allez chercher Soun ! »

Un instant après, Fry ramenait Soun, complètement hébété. Il fallut l'habiller. Il se laissa faire, machinalement, ne manifestant sa pensée que par des *ai ai ya !* à fendre l'âme !

A huit heures, Kin-Fo et ses compagnons étaient prêts. On eût dit quatre phoques des mers glaciales se disposant à faire un plongeon. Il faut dire, toutefois, que le phoque Soun n'eût donné qu'une idée peu avantageuse de la souplesse étonnante de ces mammifères marins, tant il était flasque et mollasse dans son vêtement insubmersible.

Déjà la nuit commençait à se faire vers l'est. La jonque flottait au milieu d'un absolu silence à la calme surface des eaux.

Craig et Fry poussèrent un des sabords qui fermaient les fenêtres du rouffle à l'arrière, et dont la baie s'ouvrait au-dessus du couronnement de la jonque. Soun, enlevé sans plus de façon, fut glissé à travers le sabord et lancé à la mer. Kin-Fo le suivit aussitôt. Puis, Craig et Fry, saisissant les apparaux qui leur étaient nécessaires, se précipitèrent à la suite.

Personne ne pouvait se douter que les passagers de la *Sam-Yep* venaient de quitter le bord !

XIX

QUI NE FINIT BIEN, NI POUR LE CAPITAINE YIN COMMANDANT LA « SAM-YEP », NI POUR SON ÉQUIPAGE.

Les appareils du capitaine Boyton consistent uniquement en un vêtement de caoutchouc, compre-

Soun fut lancé à la mer. (Page 262.)

nant le pantalon, la jaquette et la capote. Par la
nature même de l'étoffe employée, ils sont donc
imperméables. Mais, imperméables à l'eau, ils ne
l'auraient pas été au froid, résultant d'une immer-
sion prolongée. Aussi ces vêtements sont-ils faits
de deux étoffes juxtaposées, entre lesquelles on
peut insuffler une certaine quantité d'air.

Cet air sert donc à deux fins : 1º à maintenir
l'appareil suspenseur à la surface de l'eau; 2º à
empêcher par son interposition tout contact avec
le milieu liquide, et conséquemment à garantir de
tout refroidissement. Ainsi vêtu, un homme
pourrait rester presque indéfiniment immergé.

Il va sans dire que l'étanchéité des joints de ces
appareils était parfaite. Le pantalon, dont les
pieds se terminaient par de pesantes semelles,
s'agrafait au cercle d'une ceinture métallique,
assez large pour laisser quelque jeu aux mouvements du corps. La jaquette, fixée à cette ceinture, se raccordait à un solide collier, sur lequel
s'adaptait la capote. Celle-ci, entourant la tête,
s'appliquait hermétiquement au front, aux joues,
au menton, par un liséré élastique. De la figure,
on ne voyait donc plus que le nez, les yeux et la
bouche.

A la jaquette étaient fixés plusieurs tuyaux de
caoutchouc, qui servaient à l'introduction de l'air,
et permettaient de la réglementer selon le degré
de densité que l'on voulait obtenir. On pouvait

donc, à volonté, être plongé jusqu'au cou ou jusqu'à mi-corps seulement, ou même prendre la
position horizontale. En somme, complète liberté
d'action et de mouvements, sécurité garantie et
absolue.

Tel est l'appareil, qui a valu tant de succès à son
audacieux inventeur, et dont l'utilité pratique est
manifeste dans un certain nombre d'accidents de
mer. Divers accessoires le complétaient : un sac
imperméable, contenant quelques ustensiles, et
que l'on mettait en bandoulière ; un solide bâton,
qui se fixait au pied dans une douille et portait
une petite voile taillée en foc ; une légère pagaie,
qui servait ou d'aviron ou de gouvernail, suivant
les circonstances.

Kin-Fo, Craig-Fry, Soun, ainsi équipés, flottaient maintenant à la surface des flots. Soun,
poussé par un des agents, se laissait faire, et, en
quelques coups de pagaie, tous quatre avaient pu
s'éloigner de la jonque.

La nuit, encore très obscure, favorisait cette
manœuvre. Au cas où le capitaine Yin ou quelques-
uns de ses matelots fussent montés sur le pont, ils
n'auraient pu apercevoir les fugitifs. Personne,
d'ailleurs, ne devait supposer qu'ils eussent
quitté le bord dans de telles conditions. Les coquins,
enfermés dans la cale, ne l'apprendraient qu'au
dernier moment.

« A la deuxième veille », avait dit le faux mort du

dernier cercueil, c'est-à-dire vers le milieu de la nuit.

Kin-Fo et ses compagnons avaient donc quelques heures de répit pour fuir, et, pendant ce temps, ils espéraient bien gagner un mille sous le vent de la *Sam-Yep*. En effet, une « fraîcheur » commençait à rider le miroir des eaux, mais si légère encore, qu'il ne fallait compter que sur la pagaie pour s'éloigner de la jonque.

En quelques minutes, Kin-Fo, Craig et Fry s'étaient si bien habitués à leur appareil, qu'ils manœuvraient instinctivement, sans jamais hésiter, ni sur le mouvement à produire, ni sur la position à prendre dans ce moelleux élément. Soun, lui-même, avait bientôt recouvré ses esprits, et se trouvait incomparablement plus à son aise qu'à bord de la jonque. Son mal de mer avait subitement cessé. C'est que d'être soumis au tangage et au roulis d'une embarcation, ou de subir le balancement de la houle, lorsqu'on y est plongé à mi-corps, cela est très différent, et Soun le constatait avec quelque satisfaction.

Mais, si Soun n'était plus malade, il avait horriblement peur. Il pensait que les requins n'étaient peut-être pas encore couchés, et, instinctivement, il repliait ses jambes, comme s'il eût été sur le point d'être happé !... Franchement, un peu de cette inquiétude n'était pas trop déplacée dans la circonstance !

Ainsi donc allaient Kin-Fo et ses compagnons, que la mauvaise fortune continuait à jeter dans les situations les plus anormales. En pagayant, ils se tenaient presque horizontalement. Lorsqu'ils restaient sur place, ils reprenaient la position verticale.

Une heure après qu'ils l'avaient quittée, la *Sam-Yep* leur restait à un demi-mille au vent. Ils s'arrêtèrent alors, s'appuyèrent sur leur pagaie, posée à plat et tinrent conseil, tout en ayant bien soin de ne parler qu'à voix basse.

« Ce coquin de capitaine! s'écria Craig, pour entrer en matière.

— Ce gueux de Lao-Shen! riposta Fry.

— Cela vous étonne? dit Kin-Fo du ton d'un homme que rien ne saurait plus surprendre.

— Oui! répondit Craig, car je ne puis comprendre comment ces misérables ont pu savoir que nous prendrions passage à bord de cette jonque!

— Incompréhensible, en effet, ajouta Fry.

— Peu importe! dit Kin-Fo, puisqu'ils l'ont su, et puisque nous avons échappé!

— Échappé! répondit Craig. Non! Tant que la *Sam-Yep* sera en vue, nous ne serons pas hors de danger!

— Eh bien, que faire? demanda Kin-Fo.

— Reprendre des forces, répondit Fry, et nous éloigner assez pour ne point être aperçus au lever du jour! »

« Ce coquin de capitaine! » (Page 267.)

Et Fry, insufflant une certaine quantité d'air dans son appareil, remonta au-dessus de l'eau jusqu'à mi-corps. Il ramena alors son sac sur sa poitrine, l'ouvrit, en tira un flacon, un verre qu'il remplit d'une eau-de-vie réconfortante, et le passa à son client.

Kin-Fo ne se fit pas prier, et vida le verre jusqu'à la dernière goutte. Craig-Fry l'imitèrent, et Soun ne fut point oublié.

« Ça va ?... lui dit Craig.

— Mieux ! répondit Soun, après avoir bu. Pourvu que nous puissions manger un bon morceau !

— Demain, dit Craig, nous déjeunerons au point du jour, et quelques tasses de thé...

— Froid ! s'écria Soun en faisant la grimace.

— Chaud ! répondit Craig.

— Vous ferez du feu ?

— Je ferai du feu.

— Pourquoi attendre à demain ? demanda Soun.

— Voulez-vous donc que notre feu nous signale au capitaine Yin et à ses complices ?

— Non ! non !

— Alors à demain ! »

En vérité ces braves gens causaient là « comme chez eux » ! Seulement, la légère houle leur imprimait un mouvement de haut en bas, qui avait un côté singulièrement comique. Ils montaient et descendaient tour à tour, au caprice de l'ondulation, comme les marteaux d'un clavier touché par la main d'un pianiste.

« La brise commence à fraîchir, fit observer Kin-Fo.

— Appareillons », répondirent Fry-Craig.

Et ils se préparaient à mâter leur bâton, afin d'y hisser sa petite voile, lorsque Soun poussa une exclamation d'épouvante.

« Te tairas-tu, imbécile ! lui dit son maître. Veux-tu donc nous faire découvrir ?

— Mais j'ai cru voir !... murmura Soun.

— Quoi ?

— Une énorme bête... qui s'approchait !... Quelque requin !...

— Erreur, Soun ! dit Craig, après avoir attentivement observé la surface de la mer.

— Mais... j'ai cru sentir !... reprit Soun.

— Te tairas-tu, poltron ! dit Kin-Fo, en posant une main sur l'épaule de son domestique. Lors même que tu te sentirais happer la jambe, je te défends de crier, sinon...

— Sinon, ajouta Fry, un coup de couteau dans son appareil, et nous l'enverrons par le fond, où il pourra crier tout à son aise ! »

Le malheureux Soun, on le voit, n'était pas au terme de ses tribulations. La peur le travaillait, et joliment, mais il n'osait plus souffler mot. S'il ne regrettait pas encore la jonque, et le mal de mer, et les passagers de la cale, cela ne pouvait tarder.

Ainsi que l'avait constaté Kin-Fo, la brise tendait à se faire ; mais ce n'était qu'une de ces folles risées, qui, le plus souvent, tombent au lever du soleil. Néanmoins, il fallait en profiter pour s'éloigner autant que possible de la *Sam-Yep*. Lorsque les compagnons de Lao-Shen ne trouveraient plus Kin-Fo dans le rouffle, ils se mettraient évidemment à sa recherche, et, s'il était en vue, la pirogue leur donnerait toute facilité pour le reprendre. Donc, à tout prix, il importait d'être loin avant l'aube.

La brise soufflait de l'est. Quels que fussent les parages où l'ouragan avait poussé la jonque, en un point du golfe de Léao-Tong, du golfe de Pé-Tché-Li ou même de la mer Jaune, gagner dans l'ouest, c'était évidemment rallier le littoral. Là pouvaient se rencontrer quelques-uns de ces bâtiments de commerce qui cherchent les bouches du Peï-ho. Là, les barques de pêche fréquentaient jour et nuit les abords de la côte. Les chances d'être recueillis s'accroîtraient donc dans une assez grande proportion. Si, au contraire, le vent fût venu de l'ouest, et si la *Sam-Yep* avait été emportée plus au sud que le littoral de la Corée, Kin-Fo et ses compagnons n'auraient eu aucune chance de salut. Devant eux se fût étendue l'immense mer, et, au cas où les côtes du Japon les eussent reçus, ce n'aurait été qu'à l'état de cadavres, flottant dans leur insubmersible gaine de caoutchouc.

Mais, ainsi qu'il a été dit, cette brise devait probablement tomber au lever du soleil, et il fallait l'utiliser pour se mettre prudemment hors de vue.

Il était environ dix heures du soir. La lune devait apparaître au-dessus de l'horizon un peu avant minuit. Il n'y avait donc pas un instant à perdre.

« A la voile ! » dirent Fry-Craig.

L'appareillage se fit aussitôt. Rien de plus facile, en somme. Chaque semelle du pied droit de l'appareil portait une douille, destinée à former l'emplanture du bâton, qui servait de mâtereau.

Kin-Fo, Soun, les deux agents s'étendirent d'abord sur le dos ; puis, ils ramenèrent leur pied en pliant le genou, et plantèrent le bâton dans la douille, après avoir préalablement passé à son extrémité la drisse de la petite voile. Dès qu'ils eurent repris la position horizontale, le bâton, faisant un angle droit avec la ligne du corps, se redressa verticalement.

« Hisse ! » dirent Fry-Craig.

Et chacun, pesant de la main droite sur la drisse, hissa au bout du mâtereau l'angle supérieur de la voile, qui était taillée en triangle.

La drisse fut amarrée à la ceinture métallique, l'écoute tenue à la main, et la brise, gonflant les quatre focs, emporta au milieu d'un léger remous la petite flottille de scaphandres.

Ces « hommes-barques » ne méritaient-ils pas ce nom de scaphandres plus justement que les tra-

vailleurs sous-marins, auxquels il est ordinairement
et improprement appliqué?

Dix minutes après, chacun d'eux manœuvrait
avec une sûreté et une facilité parfaites. Ils
voguaient de conserve, sans s'écarter les uns des
autres. On eût dit une troupe d'énormes goélands,
qui, l'aile tendue à la brise, glissaient légèrement
à la surface des eaux. Cette navigation était très
favorisée, d'ailleurs, par l'état de la mer. Pas une
lame ne troublait la longue et calme ondulation
de sa surface, ni clapotis ni ressac.

Deux ou trois fois seulement, le maladroit Soun,
oubliant les recommandations de Fry-Craig,
voulut tourner la tête et avala quelques gorgées de
l'amer liquide. Mais il en fut quitte pour une ou
deux nausées. Ce n'était pas, d'ailleurs, ce qui
l'inquiétait, mais bien plutôt la crainte de rencontrer une bande de squales féroces! Cependant, on
lui fit comprendre qu'il courait moins de risques
dans la position horizontale que dans la position
verticale. En effet, la disposition de sa gueule
oblige le requin à se retourner pour happer sa
proie, et ce mouvement ne lui est pas facile quand
il veut saisir un objet qui flotte horizontalement. En
outre, on a remarqué que si ces animaux voraces
se jettent sur les corps inertes, ils hésitent devant
ceux qui sont doués de mouvement. Soun devait
donc s'astreindre à remuer sans cesse, et s'il remua,
on le laisse à penser.

Ils voguaient de conserve. (Page 273.)

Les scaphandres naviguèrent de la sorte pendant un heure environ. Il n'en fallait ni plus ni moins pour Kin-Fo et ses compagnons. Moins, ne les eût pas assez rapidement éloignés de la jonque. Plus, les aurait fatigués autant par la tension donnée à leur petite voile que par le clapotis trop accentué des flots.

Craig-Fry commandèrent alors de « stopper ». Les écoutes furent larguées, et la flottille s'arrêta.

« Cinq minutes de repos, s'il vous plaît, monsieur ? dit Craig en s'adressant à Kin-Fo.

— Volontiers. »

Tous, à l'exception de Soun, qui voulut rester étendu « par prudence », et continua à gigoter, reprirent la position verticale.

« Un second verre d'eau-de-vie ? dit Fry.

— Avec plaisir », répondit Kin-Fo.

Quelques gorgées de la réconfortante liqueur, il ne leur en fallait pas davantage pour l'instant. La faim ne les tourmentait pas encore. Ils avaient dîné, une heure avant de quitter la jonque, et pouvaient attendre jusqu'au lendemain matin. Quant à se réchauffer, c'était inutile. Le matelas d'air, interposé entre leur corps et l'eau, les garantissait de toute fraîcheur. La température normale de leur corps n'avait certainement pas baissé d'un degré depuis le départ.

Et la *Sam-Yep*, était-elle toujours en vue ?

Craig et Fry se retournèrent. Fry tira de son sac

une lorgnette de nuit et la promena soigneusement sur l'horizon de l'est.

Rien! Pas une de ces ombres, à peine sensibles,
que dessinent les bâtiments sur le fond obscur du
ciel. D'ailleurs, nuit noire, un peu embrumée, avare
d'étoiles. Les planètes ne formaient qu'une sorte
de nébuleuse au firmament. Mais, très probablement, la lune, qui n'allait pas tarder à montrer son
demi-disque, dissiperait ces brumes peu opaques et
dégagerait largement l'espace.

« La jonque est loin! dit Fry.

— Ces coquins dorment encore, répondit
Craig, et n'auront pas profité de la brise!

— Quand vous voudrez? » dit Kin-Fo, qui raidit
son écoute et tendit de nouveau sa voile au vent.

Ses compagnons l'imitèrent, et tous reprirent
leur première direction sous la poussée d'une
brise un peu plus faite.

Ils allaient ainsi dans l'ouest. Conséquemment,
la lune, se levant à l'est, ne devait pas frapper
directement leurs regards; mais elle éclairerait de
ses premiers rayons l'horizon opposé, et c'était
cet horizon qu'il importait d'observer avec soin.
Peut-être, au lieu d'une ligne circulaire, nettement
tracée par le ciel et l'eau, présenterait-il un profil
accidenté, frangé des lueurs lunaires. Les scaphandres ne s'y tromperaient pas. Ce serait le
littoral du Céleste Empire, et, en quelque point
qu'ils y accostassent, le salut assuré. La côte était

franche, le ressac presque nul. L'atterrissage ne pouvait donc être dangereux. Une fois à terre, on déciderait ce qu'il conviendrait de faire ultérieurement.

Vers onze heures trois quarts environ, quelques blancheurs se dessinèrent vaguement sur les brumes du zénith. Le quartier de lune commençait à déborder la ligne d'eau.

Ni Kin-Fo ni aucun de ses compagnons ne se retournèrent. La brise qui fraîchissait, pendant que se dissipaient les hautes vapeurs, les entraînait alors avec une certaine rapidité. Mais ils sentirent que l'espace s'éclairait peu à peu.

En même temps, les constellations apparurent plus nettement. Le vent qui remontait balayait les brumes, et un sillage accentué frémissait à la tête des scaphandres.

Le disque de la lune, passé du rouge cuivre au blanc d'argent, illumina bientôt tout le ciel.

Soudain, un bon juron, bien franc, bien américain, s'échappa de la bouche de Craig :

« La jonque ! » dit-il.

Tous s'arrêtèrent.

« Bas les voiles ! » cria Fry.

En un instant, les quatre focs furent amenés, et les bâtons déplantés de leurs douilles.

Kin-Fo et ses compagnons, se replaçant verticalement, regardèrent derrière eux.

La *Sam-Yep* était là, à moins d'un mille, se profilant en noir sur l'horizon éclairci, toutes voiles dehors.

C'était bien la jonque! Elle avait appareillé et profitait maintenant de la brise. Le capitaine Yin, sans doute, s'était aperçu de la disparition de Kin-Fo, sans avoir pu comprendre comment il était parvenu à s'enfuir. A tout hasard, il s'était mis à sa poursuite, d'accord avec ses complices de la cale, et, avant un quart d'heure, Kin-Fo, Soun, Craig et Fry seraient retombés entre ses mains!

Mais avaient-ils été vus au milieu de ce faisceau lumineux dont les baignait la lune à la surface de la mer? Non, peut-être!

« Bas les têtes! » dit Craig, qui se rattacha à cet espoir.

Il fut compris. Les tuyaux des appareils laissèrent fuser un peu d'air, et les quatre scaphandres s'enfoncèrent de façon que leur tête encapuchonnée émergeât seule. Il n'y avait plus qu'à attendre dans un absolu silence, sans faire un mouvement.

La jonque approchait avec rapidité. Ses hautes voiles dessinaient deux larges ombres sur les eaux.

Cinq minutes après, la *Sam-Yep* n'était plus qu'à un demi-mille. Au-dessus des bastingages, les matelots allaient et venaient. A l'arrière, le capitaine tenait la barre.

Manœuvrait-il pour atteindre les fugitifs? Ne faisait-il que se maintenir dans le lit du vent? On ne savait.

Évidemment, il y avait lutte. (Page 280.)

Tout à coup, des cris se firent entendre. Une masse d'hommes apparut sur le pont de la *Sam-Yep*. Les clameurs redoublèrent.

Évidemment, il y avait lutte entre les faux morts, échappés de la cale, et l'équipage de la jonque.

Mais pourquoi cette lutte ? Tous ces coquins, matelots et pirates, n'étaient-ils donc pas d'accord ?

Kin-Fo et ses compagnons entendaient très clairement, d'une part d'horribles vociférations, de l'autre des cris de douleur et de désespoir, qui s'éteignirent en moins de quelques minutes.

Puis, un violent clapotis de l'eau, le long de la jonque, indiqua que des corps étaient jetés à la mer.

Non ! le capitaine Yin et son équipage n'étaient pas les complices des bandits de Lao-Shen ! Ces pauvres gens, au contraire, avaient été surpris et massacrés. Les coquins, qui s'étaient cachés à bord — sans doute avec l'aide des chargeurs de Takou —, n'avaient eu d'autre dessein que de s'emparer de la jonque pour le compte du Taï-ping, et, certainement, ils ignoraient que Kin-Fo eût été passager de la *Sam-Yep* !

Or, si celui-ci était vu, s'il était pris, ni lui, ni Fry-Craig, ni Soun, n'auraient de pitié à attendre de ces misérables.

La jonque avançait toujours. Elle les atteignit, mais, par une chance inespérée, elle projeta sur eux l'ombre de ses voiles.

Ils plongèrent un instant.

Lorsqu'ils reparurent, la jonque avait passé, sans les voir, et fuyait au milieu d'un rapide sillage.

Un cadavre flottait à l'arrière, et le remous l'approcha peu à peu des scaphandres.

C'était le corps du capitaine, un poignard au flanc. Les larges plis de sa robe le soutenaient encore sur l'eau.

Puis, il s'enfonça et disparut dans les profondeurs de la mer.

Ainsi périt le jovial capitaine Yin, commandant la *Sam-Yep* !

Dix minutes plus tard, la jonque s'était perdue dans l'ouest, et Kin-Fo, Fry-Craig, Soun, se retrouvaient seuls à la surface de la mer.

XX

OÙ L'ON VERRA A QUOI S'EXPOSENT LES GENS
QUI EMPLOIENT LES APPAREILS DU CAPITAINE BOYTON.

Trois heures après, les première blancheurs de l'aube s'accusaient légèrement à l'horizon. Bientôt, il fit jour, et la mer put être observée dans toute son étendue.

La jonque n'était plus visible. Elle avait promptement distancé les scaphandres, qui ne pouvaient lutter de vitesse avec elle. Ils avaient bien suivi la même route, dans l'ouest, sous l'impulsion de la même brise, mais la *Sam-Yep* devait se trouver maintenant à plus de trois lieues sous le vent. Donc, rien à craindre de ceux qui la montaient.

Toutefois, ce danger évité ne rendait pas la situation présente beaucoup moins grave.

En effet, la mer était absolument déserte. Pas un bâtiment, pas une barque de pêche en vue. Nulle apparence de terre ni au nord ni à l'est. Rien qui indiquât la proximité d'un littoral quelconque. Ces eaux étaient-elles les eaux du golfe de Pé-Tché-Li ou celles de la mer Jaune ? A cet égard, complète incertitude.

Cependant, quelques souffles couraient encore à la surface des flots. Il ne fallait pas les laisser perdre. La direction suivie par la jonque démontrait que la terre se relèverait — plus ou moins prochainement — dans l'ouest, et qu'en tout cas, c'était là qu'il convenait de la chercher.

Il fut donc décidé que les scaphandres remettraient à la voile, après s'être restaurés, toutefois. Les estomacs réclamaient leur dû, et dix heures de traversée, dans ces conditions, les rendaient impérieux.

« Déjeunons, dit Craig.

— Copieusement », ajouta Fry.

Kin-Fo fit un signe d'acquiescement, et Soun un

claquement de mâchoires, auquel on ne pouvait se tromper. En ce moment, l'affamé ne songeait plus à être dévoré sur place. Au contraire.

Le sac imperméable fut donc ouvert. Fry en tira différents comestibles de bonne qualité, du pain, des conserves, quelques ustensiles de table, enfin tout ce qu'il fallait pour apaiser la faim et la soif. Sur les cent plats qui figurent au menu ordinaire d'un dîner chinois, il en manquait bien quatre-vingt-dix-huit, mais il y avait de quoi restaurer les quatre convives, et ce n'était certes pas le cas de se montrer difficile.

On déjeuna donc, et de bon appétit. Le sac contenait des provisions pour deux jours. Or, avant deux jours, ou l'on serait à terre, ou l'on n'y arriverait jamais.

« Mais nous avons bon espoir, dit Craig.

— Pourquoi avez-vous bon espoir? demanda Kin-Fo, non sans quelque ironie.

— Parce que la chance nous revient, répondit Fry.

— Ah! vous trouvez?

— Sans doute, reprit Craig. Le suprême danger était la jonque, et nous avons pu lui échapper.

— Jamais, monsieur, depuis que nous avons l'honneur d'être attachés à votre personne, ajouta Fry, jamais vous n'avez été plus en sûreté qu'ici!

— Tous les Taï-ping du monde..., dit Craig.

— Ne pourraient vous atteindre..., dit Fry.

— Et vous flottez joliment..., ajouta Craig.

— Pour un homme qui pèse deux cent mille dollars ! » ajouta Fry.

Kin-Fo ne put s'empêcher de sourire.

« Si je flotte, répondit Kin-Fo, c'est grâce à vous, messieurs ! Sans votre aide, je serais maintenant où est le pauvre capitaine Yin !

— Nous aussi ! répliquèrent Fry-Craig.

— Et moi donc ! s'écria Soun, en faisant passer, non sans quelque effort, un énorme morceau de pain de sa bouche dans son œsophage.

— N'importe, reprit Kin-Fo, je sais ce que je vous dois !

— Vous ne nous devez rien, répondit Fry, puisque vous êtes le client de la Centenaire...

— Compagnie d'assurances sur la vie...

— Capital de garantie : vingt millions de dollars...

— Et nous espérons bien...

— Qu'elle n'aura rien à vous devoir ! »

Au fond, Kin-Fo était très touché du dévouement dont les deux agents avaient fait preuve envers lui, quel qu'en fût le mobile. Aussi ne leur cacha-t-il point ses sentiments à leur égard.

« Nous reparlerons de tout ceci, ajouta-t-il, lorsque Lao-Shen m'aura rendu la lettre dont Wang s'est si fâcheusement dessaisi ! »

Craig et Fry se regardèrent. Un sourire imperceptible se dessina sur leurs lèvres. Ils avaient évidemment eu la même pensée.

« Soun ? dit Kin-Fo.

— Monsieur ?

— Le thé ?

— Voilà ! » répondit Fry.

Et Fry eut raison de répondre, car de faire du thé dans ces conditions, Soun eût répondu que cela était absolument impossible.

Mais croire que les deux agents fussent embarrassés pour si peu, c'eût été ne pas les connaître.

Fry tira donc du sac un petit ustensile, qui est le complément indispensable des appareils Boyton. En effet, il peut servir de fanal quand il fait nuit, de foyer quand il fait froid, de fourneau lorsqu'on veut obtenir quelque boisson chaude.

Rien de plus simple, en vérité. Un tuyau de cinq à six pouces, relié à un récipient métallique, muni d'un robinet supérieur et d'un robinet inférieur — le tout encastré dans une plaque de liège, à la façon de ces thermomètres flottants qui sont en usage dans les maisons de bains —, tel est l'appareil en question.

Fry posa cet ustensile à la surface de l'eau, qui était parfaitement unie.

D'une main, il ouvrit le robinet supérieur, de l'autre le robinet inférieur, adapté au récipient immergé. Aussitôt une belle flamme fusa à l'extrémité, en dégageant une chaleur très appréciable.

« Voilà le fourneau ! » dit Fry.

Soun n'en pouvait croire ses yeux.

« Vous faites du feu avec de l'eau ? s'écria-t-il.
— Avec de l'eau et du phosphure de calcium ! »
répondit Craig.

En effet, cet appareil était construit de manière
à utiliser une singulière propriété du phosphure
de calcium, ce composé du phosphore, qui produit
au contact de l'eau de l'hydrogène phosphoré.
Or, ce gaz brûle spontanément à l'air, et ni le
vent, ni la pluie, ni la mer, ne peuvent l'éteindre.
Aussi est-il employé maintenant pour éclairer
les bouées de sauvetage perfectionnées. La chute
de la bouée met l'eau en contact avec le phosphure
de calcium. Aussitôt une longue flamme en jaillit,
qui permet, soit à l'homme tombé à la mer de la
retrouver dans la nuit, soit aux matelots de venir
directement à son secours [1].

Pendant que l'hydrogène brûlait à la pointe
du tube, Craig tenait au-dessus une bouilloire
remplie d'eau douce qu'il avait puisée à un petit
tonnelet, enfermé dans son sac.

En quelques minutes, le liquide fut porté
à l'état d'ébullition. Craig le versa dans une théière,
qui contenait quelques pincées d'un thé excellent,
et, cette fois, Kin-Fo et Soun le burent à l'américaine, — ce qui n'amena aucune réclamation
de leur part.

---

1. M. Seyferth et M. Silas, archiviste de l'ambassade de
France à Vienne, sont les inventeurs de cette bouée de sauvetage, en usage sur tous les navires de guerre.

« Vous faites du feu avec de l'eau ? » (Page 286.)

Cette chaude boisson termina convenablement ce déjeuner, servi à la surface de la mer, par « tant » de latitude et « tant » de longitude. Il ne manquait qu'un sextant et un chronomètre pour déterminer la position, à quelques secondes près. Ces instruments compléteront un jour le sac des appareils Boyton, et les naufragés ne courront plus risque de s'égarer sur l'Océan.

Kin-Fo et ses compagnons, bien reposés, bien refaits, déployèrent alors les petites voiles, et reprirent vers l'ouest leur navigation, agréablement interrompue par ce repas matinal.

La brise se maintint encore pendant douze heures, et les scaphandres firent bonne route, vent arrière. A peine leur fallait-il la rectifier, de temps en temps, par un léger coup de pagaie. Dans cette position horizontale, moelleusement et doucement entraînés, ils avaient une certaine tendance à s'endormir. De là, nécessité de résister au sommeil, qui eût été fort inopportun en ces circonstances. Craig et Fry, pour n'y point succomber, avaient allumé un cigare et ils fumaient, comme font les baigneurs-dandys dans l'enceinte d'une école de natation.

Plusieurs fois, du reste, les scaphandres furent troublés par les gambades de quelques animaux marins, qui causèrent au malheureux Soun les plus grandes frayeurs.

Ce n'étaient heureusement que d'inoffensifs

marsouins. Ces « clowns » de la mer venaient tout bonnement reconnaître quels étaient ces êtres singuliers qui flottaient dans leur élément, — des mammifères comme eux, mais nullement marins.

Curieux spectacle ! Ces marsouins s'approchaient en troupes ; ils filaient commes des flèches, en nuançant les couches liquides de leurs couleurs d'émeraude ; ils s'élançaient de cinq à six pieds hors des flots ; ils faisaient une sorte de saut périlleux, qui attestait la souplesse et la vigueur de leurs muscles. Ah ! si les scaphandres avaient pu fendre l'eau avec cette rapidité, qui est supérieure à celle des meilleurs navires, ils n'auraient sans doute pas tardé à rallier la terre ! C'était à donner envie de s'amarrer à quelques-uns de ces animaux, et de se faire remorquer par eux. Mais quelles culbutes et quels plongeons ! Mieux valait encore ne demander qu'à la brise un déplacement qui, pour être plus lent, était infiniment plus pratique.

Cependant, vers midi, le vent tomba tout à fait. Il finit par des « velées » capricieuses, qui gonflaient un instant les petites voiles et les laissaient retomber inertes. L'écoute ne tendait plus la main qui la tenait. Le sillage ne murmurait plus ni aux pieds ni à la tête des scaphandres.

« Une complication..., dit Craig.

— Grave ! » répondit Fry.

On s'arrêta un instant. Les mâts furent déplantés,

les voiles serrées, et chacun, se replaçant dans la position verticale, observa l'horizon.

La mer était toujours déserte. Pas une voile en vue, pas une fumée de steamer s'estompant sur le ciel. Un soleil ardent avait bu toutes les vapeurs, et comme raréfié les courants atmosphériques. La température de l'eau eût paru chaude, même à des gens qui n'auraient pas été vêtus d'une double enveloppe de caoutchouc !

Cependant, si rassurés que se fussent dits Fry-Craig sur l'issue de cette aventure, ils ne laissaient pas d'être inquiets. En effet, la distance parcourue depuis seize heures environ ne pouvait être estimée ; mais, que rien ne décelât la proximité du littoral, ni bâtiment de commerce, ni barque de pêche, voilà qui devenait de plus en plus inexplicable.

Heureusement, Kin-Fo, Craig et Fry n'étaient point gens à se désespérer avant l'heure, si cette heure devait jamais sonner pour eux. Ils avaient encore des provisions pour un jour, et rien n'indiquait que le temps menaçât de devenir mauvais !

« A la pagaie ! » dit Kin-Fo.

Ce fut le signal du départ, et, tantôt sur le dos, tantôt sur le ventre, les scaphandres reprirent la route de l'ouest.

On n'allait pas vite. Cette manœuvre de la pagaie fatiguait promptement des bras qui n'en avaient pas l'habitude. Il fallait souvent s'arrêter et attendre Soun, qui restait en arrière et recommençait ses jérémiades. Son maître l'interpellait, le malmenait, le menaçait ; mais Soun, ne craignant rien pour son restant de queue, protégée par l'épaisse capote de caoutchouc, le laissait dire. La crainte d'être abandonné suffisait, d'ailleurs, à le maintenir à courte distance.

Vers deux heures, quelques oiseaux se montrèrent. C'étaient des goélands. Mais ces rapides volatiles s'aventurent fort loin en mer. On ne pouvait donc déduire de leur présence que la côte fût proche. Néanmoins, ce fut considéré comme un indice favorable.

Une heure après, les scaphandres tombaient dans un réseau de sargasses, dont ils eurent assez de mal à se délivrer. Ils s'y embarrassaient comme des poissons dans les mailles d'un chalut. Il fallut prendre les couteaux et tailler dans toute cette broussaille marine.

Il y eut là perte d'une grande demi-heure, et dépense de forces qui auraient pu être mieux utilisées.

A quatre heures, la petite troupe flottante s'arrêta de nouveau, bien fatiguée, il faut le dire. Une assez fraîche brise venait de se lever, mais alors elle soufflait du sud. Circonstance très inquiétante. En effet, les scaphandres ne pouvaient naviguer sous l'allure du largue, comme une embarcation que sa quille soutient contre la dérive. Si donc ils déployaient leurs voiles, ils couraient le risque d'être entraînés dans le nord, et de reperdre une partie de ce qu'ils avaient gagné dans l'ouest. En outre, une houle plus accentuée se produisit. Un assez fort clapotis agita la surface des longues lames de fond, et rendit la situation infiniment plus pénible.

La halte fut donc assez longue. On l'employa, non seulement à prendre du repos, mais aussi des forces, en attaquant de nouveau les provisions. Ce dîner fut moins gai que le déjeuner. La nuit allait revenir dans quelques heures. Le vent fraîchissait... Quel parti prendre ?

Kin-Fo, appuyé sur sa pagaie, les sourcils froncés, plus irrité encore qu'inquiet de cet acharnement de la malchance, ne prononçait pas une parole. Soun geignait sans discontinuer, et éternuait déjà comme un mortel que le terrible coryza menace.

Craig et Fry se sentaient mentalement interrogés par leurs deux compagnons, mais ils ne savaient que répondre !

Enfin, un hasard des plus heureux leur fournit une réponse.

Un peu avant cinq heures, Craig et Fry, tendant simultanément leur main vers le sud, s'écriaient :

« Voile ! »

En effet, à trois milles au vent, une embarcation se montrait, qui forçait de toile. Or, à continuer dans la direction qu'elle suivait vent arrière, elle devait probablement passer à peu de distance de l'endroit où Kin-Fo et ses compagnons s'étaient arrêtés.

Donc, il n'y avait qu'une chose à faire : couper la route de l'embarcation en se portant perpendiculairement à sa rencontre.

Les scaphandres manœuvrèrent aussitôt dans ce sens. Les forces leur revenaient. Maintenant que le salut était, pour ainsi dire, dans leurs mains, ils ne le laisseraient point échapper.

La direction du vent ne permettait plus alors d'utiliser les petites voiles ; mais les pagaies devaient suffire, la distance à parcourir étant relativement courte.

On voyait l'embarcation grossir rapidement sous la brise, qui fraîchissait. Ce n'était qu'une barque de pêche, et sa présence indiquait évidemment que la côte ne pouvait être très éloignée, car les pêcheurs chinois s'aventurent rarement au large.

« Hardi ! hardi ! » crièrent Fry-Craig en pagayant avec vigueur.

Ils n'avaient pas à surexciter l'ardeur de leurs compagnons. Kin-Fo, bien allongé à la surface de l'eau, filait comme un skiff de course. Quant à Soun, il se surpassait véritablement et tenait la tête, tant il craignait de rester en arrière !

Un demi-mille environ, voilà ce qu'il fallait gagner pour tomber à peu près dans les eaux de la barque. D'ailleurs, il faisait encore grand jour, et les scaphandres, s'ils n'arrivaient pas assez près pour se faire voir, sauraient bien se faire entendre. Mais les pêcheurs, à la vue de ces singuliers animaux marins, qui les interpelleraient, ne prendraient-ils pas la fuite ? Il y avait là une éventualité assez grave.

Quoi qu'il en soit, il ne fallait pas perdre un seul instant. Aussi les bras se déployaient, les pagaies frappaient rapidement la crête des petites lames, la distance diminuait à vue d'œil, lorsque Soun, toujours en avant, poussa un terrible cri d'épouvante.

« Un requin ! un requin ! »

Et, cette fois, Soun ne se trompait pas.

A une distance de vingt pieds environ, on voyait émerger deux appendices. C'étaient les ailerons d'un animal vorace, particulier à ces mers, le requin-tigre, bien digne de son nom, car la nature lui a donné la double férocité du squale et du fauve.

« Aux couteaux ! » dirent Fry et Craig.

C'étaient les seules armes qu'ils eussent à leur disposition, armes insuffisantes peut-être !

Soun, on le pense bien, s'était brusquement arrêté et revenait rapidement en arrière.

Le squale avait vu les scaphandres et se dirigeait sur eux. Un instant, son énorme corps apparut dans la transparence des eaux, rayé et tacheté de vert. Il mesurait seize à dix-huit pieds de long. Un monstre !

Ce fut sur Kin-Fo qu'il se précipita tout d'abord, en se retournant à demi pour le happer.

Kin-Fo ne perdit rien de son sang-froid. Au moment où le squale allait l'atteindre, il lui appuya sa pagaie sur le dos, et, d'une poussée vigoureuse, il s'écarta vivement.

Craig et Fry s'étaient rapprochés, prêts à l'attaque, prêts à la défense.

Le requin plongea un instant et remonta, la gueule ouverte, sorte de large cisaille, hérissée d'une quadruple rangée de dents.

Kin-Fo voulut recommencer la manœuvre qui lui avait déjà réussi; mais sa pagaie rencontra la mâchoire de l'animal, qui la coupa net.

Le requin, à demi couché sur le flanc, se jeta alors sur sa proie.

A ce moment, des flots de sang fusèrent en gerbes et la mer se teignit de rouge.

Craig et Fry venaient de frapper l'animal à coups redoublés, et, si dure que fût sa peau, leurs couteaux américains à longues lames étaient parvenus à l'entamer.

La gueule du monstre s'ouvrit alors et se referma avec un bruit horrible, pendant que sa nageoire caudale battait l'eau formidablement. Fry reçut un coup de cette queue, qui le prit de flanc et le rejeta à dix pieds de là.

« Fry! cria Craig avec l'accent de la plus vive douleur, comme s'il eût reçu le coup lui-même.

— Hourra ! » répondit Fry en revenant à la charge.

Il n'était pas blessé. Sa cuirasse de caoutchouc avait amorti la violence du coup de queue.

Le squale fut alors attaqué de nouveau et avec une véritable fureur. Il se tournait, se retournait. Kin-Fo était parvenu à lui enfoncer dans l'orbite de l'œil le bout brisé de sa pagaie, et il essayait, au risque d'être coupé en deux, de le maintenir immobile, pendant que Fry et Craig cherchaient à l'atteindre au cœur.

Il faut croire que les deux agents y réussirent, car le monstre, après s'être débattu une dernière fois, s'enfonça au milieu d'un dernier flot de sang.

« Hourra ! hourra ! hourra ! s'écrièrent Fry-Craig d'une commune voix, en agitant leurs couteaux.

— Merci ! dit simplement Kin-Fo.

— Il n'y a pas de quoi ! répliqua Craig. Une bouchée de deux cent mille dollars à ce poisson !

— Jamais ! » ajouta Fry.

Et Soun ? Où était Soun ? En avant cette fois, et déjà très rapproché de la barque, qui n'était pas à trois encâblures. Le poltron avait fui à force de pagaie. Cela faillit lui porter malheur.

Les pêcheurs, en effet, l'avaient aperçu ; mais ils ne pouvaient imaginer que sous cet accoutrement de chien de mer il y eût une créature humaine. Ils se préparèrent donc à le pêcher, comme ils

« Hourra ! » répondit Fry. (Page 296.)

auraient fait d'un dauphin ou d'un phoque. Ainsi, dès que le prétendu animal fut à portée, une longue corde, munie d'un fort émerillon, se déroula du bord.

L'émerillon atteignit Soun au-dessus de la ceinture de son vêtement, et, en glissant, le déchira depuis le dos jusqu'à la nuque.

Soun, n'étant plus soutenu que par l'air contenu dans la double enveloppe du pantalon, culbuta, et resta la tête dans l'eau, les jambes en l'air.

Kin-Fo, Craig et Fry, arrivant alors, eurent la précaution d'interpeller les pêcheurs en bon chinois.

Frayeur extrême de ces braves gens! Des phoques qui parlaient! Ils allaient éventer leurs voiles, et fuir au plus vite...

Mais Kin-Fo les rassura, se fit reconnaître pour ce qu'ils étaient, ses compagnons et lui, c'est-à-dire des hommes, des Chinois comme eux!

Un instant après, les trois mammifères terrestres étaient à bord.

Restait Soun. On l'attira avec une gaffe, on lui releva la tête au-dessus de l'eau. Un des pêcheurs le saisit par son bout de queue et l'enleva...

La queue de Soun lui resta tout entière dans la main, et le pauvre diable fit un nouveau plongeon.

Les pêcheurs l'entourèrent alors d'une corde et parvinrent, non sans peine, à le hisser dans la barque.

La queue lui resta dans la main. (Page 298.)

A peine fut-il sur le pont et eut-il rejeté l'eau de mer qu'il venait d'avaler, que Kin-Fo s'approchait, et d'un ton sévère :

« Elle était donc fausse ?

— Sans cela, répondit Soun, est-ce que, moi qui connaissais vos habitudes, je serais jamais entré à votre service ! »

Et il dit cela si drôlement, que tous éclatèrent de rire.

Ces pêcheurs étaient des gens de Fou-Ning. A moins de deux lieues s'ouvrait précisément le port que Kin-Fo voulait atteindre.

Le soir même, vers huit heures, il y débarquait avec ses compagnons, et, dépouillant les appareils du capitaine Boyton, tous quatre reprenaient l'apparence de créatures humaines.

XXI

DANS LEQUEL CRAIG ET FRY VOIENT LA LUNE SE LEVER
AVEC UNE EXTRÊME SATISFACTION.

« Maintenant, au Taï-ping ! »

Tels furent les premiers mots que prononça Kin-Fo, le lendemain matin, 30 juin, après une nuit de repos, bien due aux héros de ces singulières aventures.

Ils étaient enfin sur ce théâtre des exploits de Lao-Shen. La lutte allait s'engager définitivement.

Kin-Fo en sortirait-il vainqueur ? Oui, sans doute, s'il pouvait surprendre le Taï-ping, car il paierait sa lettre du prix que Lao-Shen lui imposerait. Non, certainement, s'il se laissait surprendre, si un coup de poignard lui arrivait en pleine poitrine, avant qu'il eût été à même de traiter avec le farouche mandataire de Wang.

« Au Taï-ping ! » avaient répondu Fry-Craig, après s'être consultés du regard.

L'arrivée de Kin-Fo, de Fry-Craig et de Soun, dans leur singulier costume, la façon dont les pêcheurs les avaient recueillis en mer, tout était pour exciter une certaine émotion dans le petit port de Fou-Ning. Difficile eût été d'échapper à la curiosité publique. Ils avaient donc été escortés, la veille, jusqu'à l'auberge, où, grâce à l'argent conservé dans la ceinture de Kin-Fo et dans le sac de Fry-Craig, ils s'étaient procuré des vêtements plus convenables. Si Kin-Fo et ses compagnons eussent été moins entourés en se rendant à l'auberge, ils auraient peut-être remarqué un certain Célestial, qui ne les quittait pas d'une semelle. Leur surprise se fût sans doute accrue, s'ils l'avaient vu faire le guet, pendant toute la nuit, à la porte de l'auberge. Leur méfiance, enfin, n'aurait pas manqué d'être excitée, lorsqu'ils l'auraient retrouvé le matin à la même place.

Mais ils ne virent rien, ils ne soupçonnèrent rien, ils n'eurent pas même lieu de s'étonner, lorsque ce personnage suspect vint leur offrir ses services en qualité de guide, au moment où ils sortaient de l'auberge.

C'était un homme d'une trentaine d'années, et qui, d'ailleurs, paraissait fort honnête.

Cependant, quelques soupçons s'éveillèrent dans l'esprit de Craig-Fry, et ils interrogèrent cet homme.

« Pourquoi, lui demandèrent-ils, vous offrez-vous en qualité de guide, et où prétendez-vous nous guider ? »

Rien de plus naturel que cette double question, mais rien de plus naturel aussi que la réponse qui lui fut faite.

« Je suppose, dit le guide, que vous avez l'intention de visiter la Grande-Muraille, ainsi que font tous les voyageurs qui arrivent à Fou-Ning. Je connais le pays, et je m'offre à vous conduire.

— Mon ami, dit Kin-Fo, qui intervint alors, avant de prendre un parti, je voudrais savoir si la province est sûre.

— Très sûre, répondit le guide.

— Est-ce qu'on ne parle pas, dans le pays, d'un certain Lao-Shen ? demanda Kin-Fo.

— Lao-Shen, le Taï-ping ?

— Oui.

— En effet, répondit le guide, mais il n'y a

rien à craindre de lui en deçà de la Grande-
Muraille. Il ne se hasarderait pas sur le territoire
impérial. C'est au-delà que sa bande parcourt les
provinces mongoles.

— Sait-on où il est actuellement? demanda
Kin-Fo.

— Il a été signalé dernièrement aux environs
du Tsching-Tang-Ro, à quelques lis seulement
de la Grande-Muraille.

— Et de Fou-Ning au Tsching-Tang-Ro, quelle
est la distance?

— Une cinquantaine de lis environ [1].

— Eh bien, j'accepte vos services.

— Pour vous conduire jusqu'à la Grande-
Muraille?...

— Pour me conduire jusqu'au campement
de Lao-Shen! »

Le guide ne put retenir un certain mouvement
de surprise.

« Vous serez bien payé! » ajouta Kin-Fo.

Le guide secoua la tête en homme qui ne se
souciait pas de passer la frontière.

Puis :

« Jusqu'à la Grande-Muraille, bien! répondit-il.
Au-delà, non! C'est risquer sa vie.

— Estimez le prix de la vôtre! Je vous la paierai.

— Soit », répondit le guide.

---

1. Une dizaine de lieues.

Et, se retournant vers les deux agents, Kin-Fo ajouta :

« Vous êtes libres, messieurs, de ne point m'accompagner !

— Où vous irez..., dit Craig.

— Nous irons », dit Fry.

Le client de la Centenaire n'avait pas encore cessé de valoir pour eux deux cent mille dollars !

Après cette conversation, d'ailleurs, les agents parurent entièrement rassurés sur le compte du guide. Mais, à l'en croire, au-delà de cette barrière que les Chinois ont élevée contre les incursions des hordes mongoles, il fallait s'attendre aux plus graves éventualités.

Les préparatifs de départ furent aussitôt faits. On ne demanda point à Soun s'il lui convenait ou non d'être du voyage. Il en était.

Les moyens de transport, tels que voitures ou charrettes, manquaient absolument dans la petite bourgade de Fou-Ning. De chevaux ou de mulets, pas davantage. Mais il y avait un certain nombre de ces chameaux qui servent au commerce des Mongols. Ces aventureux trafiquants s'en vont par caravanes sur la route de Péking à Kiatcha, poussant leurs innombrables troupeaux de moutons à large queue. Ils établissent ainsi des communications entre la Russie asiatique et le Céleste Empire. Toutefois, ils ne se hasardent à travers ces longues steppes qu'en troupes nombreuses et bien armées. « Ce sont des gens farouches et fiers, dit M. de Beauvoir, et pour lesquels le Chinois n'est qu'un objet de mépris. »

Cinq chameaux, avec leur harnachement très rudimentaire, furent achetés. On les chargea de provisions, on fit acquisition d'armes, et l'on partit sous la direction du guide.

Mais ces préparatifs avaient exigé quelque temps. Le départ ne put s'effectuer qu'à une heure de l'après-midi. Malgré ce retard, le guide se faisait fort d'arriver, avant minuit, au pied de la Grande-Muraille. Là, il organiserait un campement, et le lendemain, si Kin-Fo persévérait dans son imprudente résolution, on passerait la frontière.

Le pays, aux environs de Fou-Ning, était accidenté. Des nuages de sable jaune se déroulaient en épaisses volutes au-dessus des routes, qui s'allongeaient entre les champs cultivés. On sentait encore là le productif territoire du Céleste Empire.

Les chameaux marchaient d'un pas mesuré, peu rapide, mais constant. Le guide précédait Kin-Fo, Soun, Craig et Fry, juchés entre les deux bosses de leur monture. Soun approuvait fort cette façon de voyager, et, dans ces conditions, il serait allé au bout du monde.

Si la route n'était pas fatigante, la chaleur était grande. A travers les couches atmosphériques très

Le guide précédait Kin-Fo. (Page 305.)

échauffées par la réverbération du sol, se produisaient les plus curieux effets de mirage. De vastes plaines liquides, grandes comme une mer, apparaissaient à l'horizon et s'évanouissaient bientôt, à l'extrême satisfaction de Soun, qui se croyait encore menacé de quelque navigation nouvelle.

Bien que cette province fût située aux limites extrêmes de la Chine, il ne faudrait pas croire qu'elle fût déserte. Le Céleste Empire, quelque vaste qu'il soit, est encore trop petit pour la population qui se presse à sa surface. Aussi, les habitants sont-ils nombreux, même sur la lisière du désert asiatique.

Des hommes travaillaient aux champs. Des femmes tartares, reconnaissables aux couleurs roses et bleues de leurs vêtements, vaquaient aux travaux de la campagne. Des troupeaux de moutons jaunes à longue queue — une queue que Soun ne regardait pas sans envie! — paissaient çà et là sous le regard de l'aigle noir. Malheur à l'infortuné ruminant qui s'écartait! Ce sont, en effet, de redoutables carnassiers, ces accipitres, qui font une terrible guerre aux moutons, aux mouflons, aux jeunes antilopes, et servent même de chiens de chasse aux Kirghis des steppes de l'Asie centrale.

Puis, des nuées de gibier à plume s'envolaient de toutes parts. Un fusil ne fût pas resté inactif sur cette portion du territoire; mais le

vrai chasseur n'eût pas regardé d'un bon œil
les filets, collets et autres engins de destruction,
tout au plus dignes d'un braconnier, qui couvraient
le sol entre les sillons de blé, de millet et de maïs.

Cependant, Kin-Fo et ses compagnons allaient
au milieu des tourbillons de cette poussière
mongole. Ils ne s'arrêtaient, ni aux ombrages de
la route, ni aux fermes isolées de la province, ni
aux villages, que signalaient de loin en loin les
tours funéraires, élevées à la mémoire de quelques
héros de la légende bouddhique. Ils marchaient en
file, se laissant conduire par leurs chameaux,
qui ont cette habitude d'aller les uns derrière les
autres, et dont une sonnette rouge, pendue à
leur cou, régularisait le pas cadencé.

Dans ces conditions, aucune conversation
n'était possible. Le guide, peu causeur de sa
nature, gardait toujours la tête de la petite troupe,
observant la campagne dans un rayon dont l'épaisse
poussière diminuait singulièrement l'étendue. Il
n'hésitait jamais, d'ailleurs, sur la route à suivre,
même à de certains croisements, auxquels manquait
le poteau indicateur. Aussi, Fry-Craig, n'éprouvant plus de méfiance à son égard, reportaient-ils
toute leur vigilance sur le précieux client de la
Centenaire. Par un sentiment bien naturel, ils
sentaient leur inquiétude s'accroître à mesure
qu'ils se rapprochaient du but. A chaque instant,
en effet, et sans être à même de le prévenir, ils

pouvaient se trouver en présence d'un homme qui, d'un coup bien appliqué, leur ferait perdre deux cent mille dollars.

Quant à Kin-Fo, il se trouvait dans cette disposition d'esprit où le souvenir du passé domine les anxiétés du présent et de l'avenir. Il revoyait tout ce qu'avait été sa vie depuis deux mois. La constance de sa mauvaise fortune ne laissait pas de l'inquiéter très sérieusement. Depuis le jour où son correspondant de San Francisco lui avait envoyé la nouvelle de sa prétendue ruine, n'était-il pas entré dans une période de malchance vraiment extraordinaire ? Ne s'établirait-il pas une compensation entre la seconde partie de son existence et la première, dont il avait eu la folie de méconnaître les avantages ? Cette série de conjonctures adverses finirait-elle avec la reprise de la lettre, qui était dans les mains de Lao-Shen, si toutefois il parvenait à la lui reprendre sans coup férir ? L'aimable Lé-ou, par sa présence, par ses soins, par sa tendresse, par son aimable gaieté, arriverait-elle à conjurer les méchants esprits acharnés contre sa personne ? Oui ! tout ce passé lui revenait, il s'en préoccupait, il s'en inquiétait ! Et Wang ! Certes ! il ne pouvait l'accuser d'avoir voulu tenir une promesse jurée ; mais Wang, le philosophe, l'hôte assidu du yamen de Shang-Haï, ne serait plus là pour lui enseigner la sagesse !

... « Vous allez tomber ! cria en ce moment le

guide, dont le chameau venait d'être heurté par celui de Kin-Fo, qui avait failli choir au milieu de son rêve.

— Sommes-nous arrivés? demanda-t-il.

— Il est huit heures, répondit le guide, et je propose de faire halte pour dîner.

— Et après?

— Après, nous nous remettrons en route.

— Il fera nuit.

— Oh! ne craignez pas que je vous égare! La Grande-Muraille n'est pas à vingt lis d'ici, et il convient de laisser souffler nos bêtes!

— Soit! » répondit Kin-Fo.

Sur la route, s'élevait une masure abandonnée. Un petit ruisseau coulait auprès, dans une sinueuse ravine, et les chameaux purent s'y désaltérer.

Pendant ce temps, avant que la nuit fût tout à fait venue, Kin-Fo et ses compagnons s'installèrent dans cette masure, et, là, ils mangèrent comme des gens dont une longue route vient d'aiguiser l'appétit.

La conversation, cependant, manqua d'entrain. Une ou deux fois, Kin-Fo la mit sur le compte de Lao-Shen. Il demanda au guide ce qu'était ce Taï-ping, s'il le connaissait. Le guide secoua la tête en homme qui n'est pas rassuré, et, autant que possible, il évita de répondre.

« Vient-il quelquefois dans la province? demanda Kin-Fo.

— Non, répondit le guide, mais des Taï-ping de sa bande ont plusieurs fois passé la Grande-Muraille, et il ne faisait pas bon les rencontrer! Bouddha nous garde des Taï-ping! »

A ces réponses, dont le guide ne pouvait évidemment comprendre toute l'importance qu'y attachait son interlocuteur, Craig et Fry se regardaient en fronçant le sourcil, tiraient leur montre, la consultaient, et, finalement, hochaient la tête.

« Pourquoi, dirent-ils, ne resterions-nous pas tranquillement ici en attendant le jour?

— Dans cette masure! s'écria le guide. J'aime encore mieux la rase campagne! On risque moins d'être surpris!

— Il est convenu que nous serons ce soir à la Grande-Muraille, répondit Kin-Fo. Je veux y être et j'y serai. »

Ceci fut dit d'un ton qui n'admettait pas de discussion. Soun, déjà galopé par la peur, Soun lui-même, n'osa pas protester.

Le repas terminé — il était à peu près neuf heures —, le guide se leva et donna le signal du départ.

Kin-Fo se dirigea vers sa monture. Craig et Fry allèrent alors à lui.

« Monsieur, dirent-ils, vous êtes bien décidé à vous remettre entre les mains de Lao-Shen?

— Absolument décidé, répondit Kin-Fo. Je veux avoir ma lettre à quelque prix que ce soit.

« — C'est jouer très gros jeu ! reprirent-ils, que d'aller au campement du Taï-ping !

— Je ne suis pas venu jusqu'ici pour reculer ! répliqua Kin-Fo. Libre à vous de ne pas me suivre ! »

Le guide avait allumé une petite lanterne de poche. Les deux agents s'approchèrent, et consultèrent une seconde fois leur montre.

« Il serait certainement plus prudent d'attendre à demain, dirent-ils en insistant.

— Pourquoi cela ? répondit Kin-Fo. Lao-Shen sera aussi dangereux demain ou après-demain qu'il peut l'être aujourd'hui ! En route !

— En route ! » répétèrent Fry-Craig.

Le guide avait entendu ce bout de conversation. Plusieurs fois déjà, pendant la halte, lorsque les deux agents avaient voulu dissuader Kin-Fo d'aller plus avant, un certain mécontentement s'était révélé sur son visage. En cet instant, lorsqu'il les vit revenir à la charge, il ne put retenir un mouvement d'impatience.

Ceci n'avait point échappé à Kin-Fo, bien décidé, d'ailleurs, à ne pas reculer d'une semelle. Mais sa surprise fut extrême, lorsque, au moment où il l'aidait à remonter sur sa bête, le guide se pencha à son oreille et murmura ces mots :

« Défiez-vous de ces deux hommes ! »

Kin-Fo allait demander l'explication de ces paroles... Le guide lui fit signe de se taire, donna le signal du départ, et la petite troupe s'aventura dans la nuit à travers la campagne.

Un grain de défiance était-il entré dans l'esprit du client de Fry-Craig? Les paroles, absolument inattendues et inexplicables, prononcées par le guide, pouvaient-elles contrebalancer dans son esprit les deux mois de dévouement que les agents avaient mis à son service? Non, en vérité! Et cependant, Kin-Fo se demanda pourquoi Fry-Craig lui avaient conseillé ou de remettre sa visite au campement du Taï-ping, ou d'y renoncer? N'était-ce donc pas pour rejoindre Lao-Shen qu'ils avaient brusquement quitté Péking? L'intérêt même des deux agents de la Centenaire n'était-il pas que leur client rentrât en possession de cette absurde et compromettante lettre? Il y avait donc là une insistance assez peu compréhensible.

Kin-Fo ne manifesta rien des sentiments qui l'agitaient. Il avait repris sa place derrière le guide. Craig-Fry le suivaient, et ils allèrent ainsi pendant deux grandes heures.

Il devait être bien près de minuit, lorsque le guide, s'arrêtant, montra dans le nord une longue ligne noire, qui se profilait vaguement sur le fond un peu plus clair du ciel. En arrière de cette ligne s'argentaient quelques sommets, déjà éclairés par les premiers rayons de la lune, que l'horizon cachait encore.

« La Grande-Muraille! dit le guide.

— Pouvons-nous la franchir ce soir même? demanda Kin-Fo.

— Oui, si vous le voulez absolument! répondit le guide.

— Je le veux! »

Les chameaux s'étaient arrêtés.

« Je vais reconnaître la passe, dit alors le guide. Demeurez et attendez-moi. »

Il s'éloigna.

En ce moment, Craig et Fry s'approchèrent de Kin-Fo.

« Monsieur?... dit Craig.

— Monsieur? » dit Fry.

Et tous deux ajoutèrent :

« Avez-vous été satisfait de nos services, depuis deux mois que l'honorable William J. Bidulph nous a attachés à votre personne?

— Très satisfait!

— Plairait-il à monsieur de nous signer ce petit papier pour témoigner qu'il n'a eu qu'à se louer de nos bons et loyaux services?

— Ce papier? répondit Kin-Fo, assez surpris, à la vue d'une feuille, détachée de son carnet, que lui présentait Craig.

— Ce certificat, ajouta Fry, nous vaudra peut-être quelque compliment de notre directeur!

— Et sans doute une gratification supplémentaire, ajouta Fry.

« La Grande-Muraille ! » dit le guide. (Page 314.)

— Voici mon dos qui pourrait servir de pupitre à monsieur, dit Craig en se courbant.

— Et l'encre nécessaire pour que monsieur puisse nous donner cette preuve de gracieuseté écrite », dit Fry.

Kin-Fo se mit à rire et signa.

« Et maintenant, demanda-t-il, pourquoi toute cette cérémonie en ce lieu et à cette heure ?

— En ce lieu, répondit Fry, parce que notre intention n'est pas de vous accompagner plus loin !

— A cette heure, ajouta Craig, parce que, dans quelques minutes, il sera minuit !

— Et que vous importe l'heure ?

— Monsieur, reprit Craig, l'intérêt que vous portait notre Compagnie d'assurances...

— Va finir dans quelques instants..., ajouta Fry.

— Et vous pourrez vous tuer...

— Ou vous faire tuer...

— Tant qu'il vous plaira ! »

Kin-Fo regardait, sans comprendre, les deux agents, qui lui parlaient du ton le plus aimable. En ce moment, la lune parut au-dessus de l'horizon, à l'orient, et lança jusqu'à eux son premier rayon.

« La lune !... s'écria Fry.

— Et aujourd'hui, 30 juin !... s'écria Craig.

— Elle se lève à minuit...

— Et votre police n'étant pas renouvelée...

— Vous n'êtes plus le client de la Centenaire...

— Bonsoir, monsieur Kin-Fo !... dit Craig.

— Monsieur Kin-Fo, bonsoir ! » dit Fry.

Et les deux agents, tournant la tête de leur monture, disparurent bientôt, laissant leur client stupéfait.

Le pas des chameaux qui emportaient ces deux Américains, peut-être un peu trop pratiques, avait à peine cessé de se faire entendre, qu'une troupe d'hommes, conduite par le guide, se jetait sur Kin-Fo, qui tenta vainement de se défendre, sur Soun, qui essaya vainement de s'enfuir.

Un instant après, le maître et le valet étaient entraînés dans la chambre basse de l'un des bastions abandonnés de la Grande-Muraille, dont la porte fut soigneusement refermée sur eux.

XXII

QUE LE LECTEUR AURAIT PU ÉCRIRE LUI-MÊME,
TANT IL FINIT D'UNE FAÇON PEU INATTENDUE !

La Grande-Muraille — un paravent chinois, long de quatre cents lieues —, construite au IIIe siècle par l'empereur Tisi-Chi-Houang-Ti, s'étend depuis le golfe de Léao-Tong, dans lequel elle trempe ses deux jetées, jusque dans le Kan-Sou, où elle se réduit aux proportions d'un simple mur. C'est une succession ininterrompue de doubles remparts, défendus par des bastions et des tours, hauts de cinquante pieds, larges de vingt, granit par leur base, briques à leur revêtement supérieur, qui suivent avec hardiesse le profil des capricieuses montagnes de la frontière russo-chinoise.

Du côté du Céleste Empire, la muraille est en assez mauvais état. Du côté de la Mantchourie, elle se présente sous un aspect plus rassurant, et ses créneaux lui font encore un magnifique ourlet de pierres.

De défenseurs, sur cette longue ligne de fortifications, point; de canons, pas davantage. Le Russe, le Tartare, le Kirghis, aussi bien que les Fils du Ciel, peuvent librement passer à travers ses portes. Le paravent ne préserve plus la frontière septentrionale de l'Empire, pas même de cette fine poussière mongole, que le vent du nord emporte parfois jusqu'à sa capitale.

Ce fut sous la poterne de l'un de ces bastions déserts que Kin-Fo et Soun, après une fort mauvaise nuit passée sur la paille, durent s'enfoncer le lendemain matin, escortés par une douzaine d'hommes, qui ne pouvaient appartenir qu'à la bande de Lao-Shen.

Quant au guide, il avait disparu. Mais il n'était plus possible à Kin-Fo de se faire aucune illusion. Ce n'était point le hasard qui avait mis ce traître sur son chemin. L'ex-client de la Centenaire avait évidemment été attendu par ce misérable. Son hésitation à s'aventurer au-delà de la Grande-Muraille n'était qu'une ruse pour dérouter les soupçons. Ce coquin appartenait bien au Taï-ping, et ce ne pouvait être que par ses ordres qu'il avait agi.

Du reste, Kin-Fo n'eut aucun doute à ce sujet, après avoir interrogé un des hommes qui paraissait diriger son escorte.

« Vous me conduisez, sans doute, au campement de Lao-Shen, votre chef ? demanda-t-il.

— Nous y serons avant une heure ! » répondit cet homme.

En somme, qu'était venu chercher l'élève de Wang ? Le mandataire du philosophe ! Eh bien, on le conduisait où il voulait aller ! Que ce fût de bon gré ou de force, il n'y avait pas là de quoi récriminer. Il fallait laisser cela à Soun, dont les dents claquaient, et qui sentait sa tête de poltron vaciller sur ses épaules.

Aussi, Kin-Fo, toujours flegmatique, avait-il pris son parti de l'aventure et se laissait-il conduire. Il allait enfin pouvoir essayer de négocier le rachat de sa lettre avec Lao-Shen. C'est ce qu'il désirait. Tout était bien.

Après avoir franchi la Grande-Muraille, la petite troupe suivit, non pas la grande route de Mongolie, mais d'abrupts sentiers qui s'engageaient, à droite, dans la partie montagneuse de la province. On marcha ainsi pendant une heure, aussi vite que le permettait la pente du sol. Kin-Fo et Soun, étroitement entourés, n'auraient pu fuir, et, d'ailleurs, n'y songeaient pas.

Une heure et demie après, gardiens et prisonniers apercevaient, au tournant d'un contrefort, un édifice à demi ruiné.

C'était une ancienne bonzerie, élevée sur une des croupes de la montagne, un curieux monument de l'architecture bouddhique. Mais, en cet endroit perdu de la frontière russo-chinoise, au milieu de cette contrée déserte, on pouvait se demander quelle sorte de fidèles osaient fréquenter ce temple. Il semblait qu'ils dussent quelque peu risquer leur vie, à s'aventurer dans ces défilés, très propres aux guet-apens et aux embûches.

Si le Taï-ping Lao-Shen avait établi son campement dans cette partie montagneuse de la province, il avait choisi, on en conviendra, un lieu digne de ses exploits.

Or, à une demande de Kin-Fo, le chef de l'escorte répondit que Lao-Shen résidait effectivement dans cette bonzerie.

« Je désire le voir à l'instant, dit Kin-Fo.

— A l'instant », répondit le chef.

Kin-Fo et Soun, auxquels leurs armes avaient été préalablement enlevées, furent introduits dans un large vestibule, formant l'atrium du temple. Là

Kin-Fo et Soun furent introduits
dans un large vestibule. (Page 320.)

se tenaient une vingtaine d'hommes en armes, très pittoresques sous leur costume de coureurs de grands chemins, et dont les mines farouches n'étaient pas précisément rassurantes.

Kin-Fo passa délibérément entre cette double rangée de Taï-ping. Quant à Soun, il dut être vigoureusement poussé par les épaules, et il le fut.

Ce vestibule s'ouvrait, au fond, sur un escalier engagé dans l'épaisse muraille, et dont les degrés descendaient assez profondément à travers le massif de la montagne.

Cela indiquait évidemment qu'une sorte de crypte se creusait sous l'édifice principal de la bonzerie, et il eût été très difficile, pour ne pas dire impossible, d'y arriver, pour qui n'aurait pas tenu le fil de ces sinuosités souterraines.

Après avoir descendu une trentaine de marches, puis s'être avancés pendant une centaine de pas, à la lueur fuligineuse de torches portées par les hommes de leur escorte, les deux prisonniers arrivèrent au milieu d'une vaste salle qu'éclairait à demi un luminaire de même espèce.

C'était bien une crypte. Des piliers massifs, ornés de ces hideuses têtes de monstres qui appartiennent à la faune grotesque de la mythologie chinoise, supportaient des arceaux surbaissés, dont les nervures se rejoignaient à la clef des lourdes voûtes.

Un sourd murmure se fit entendre dans cette

salle souterraine à l'arrivée des deux prisonniers.

La salle n'était pas déserte, en effet. Une foule l'emplissait jusque dans ses plus sombres profondeurs.

C'était toute la bande des Taï-ping, réunie là pour quelque cérémonie suspecte.

Au fond de la crypte, sur une large estrade en pierre, un homme de haute taille se tenait debout. On eût dit le président d'un tribunal secret. Trois ou quatre de ses compagnons, immobiles près de lui, semblaient servir d'assesseurs.

Cet homme fit un signe. La foule s'ouvrit aussitôt et laissa passage aux deux prisonniers.

« Lao-Shen », dit simplement le chef de l'escorte, en indiquant le personnage qui se tenait debout.

Kin-Fo fit un pas vers lui, et, entrant en matière, comme un homme qui est décidé à en finir :

« Lao-Shen, dit-il, tu as entre les mains une lettre qui t'a été envoyée par ton ancien compagnon Wang. Cette lettre est maintenant sans objet, et je viens te demander de me la rendre. »

A ces paroles, prononcées d'une voix ferme, le Taï-ping ne remua même pas la tête. On eût dit qu'il était de bronze.

« Qu'exiges-tu pour me rendre cette lettre ? » reprit Kin-Fo.

Et il attendit une réponse qui ne vint pas.

« Lao-Shen, dit Kin-Fo, je te donnerai, sur le banquier qui te conviendra et dans la ville que tu choisiras, un mandat qui sera payé intégralement, sans que l'homme de confiance, que tu enverras pour le toucher, puisse être inquiété à cet égard ! »

Même silence glacial du sombre Taï-ping, silence qui n'était pas de bon augure.

Kin-Fo reprit en accentuant ses paroles :

« De quelle somme veux-tu que je fasse ce mandat ? Je t'offre cinq mille taëls [1] ? »

Pas de réponse.

« Dix mille taëls ? »

Lao-Shen et ses compagnons restaient aussi muets que les statues de cette étrange bonzerie.

Une sorte de colère impatiente s'empara de Kin-Fo. Ses offres méritaient bien qu'on leur fît une réponse, quelle qu'elle fût.

« Ne m'entends-tu pas ? » dit-il au Taï-ping.

Lao-Shen, daignant, cette fois, abaisser la tête, indiqua qu'il comprenait parfaitement.

« Vingt mille taëls ! Trente mille taëls ! s'écria Kin-Fo. Je t'offre ce que te paierait la Centenaire, si j'étais mort. Le double ! Le triple ! Parle ! Est-ce assez ? »

Kin-Fo, que ce mutisme mettait hors de lui, se rapprocha du groupe taciturne, et, croisant les bras :

« A quel prix, dit-il, veux-tu donc me vendre cette lettre ?

---

1. Environ 6 000 francs.

— A aucun prix, répondit enfin le Taï-ping. Tu as offensé Bouddha en méprisant la vie qu'il t'avait faite, et Bouddha veut être vengé. Ce n'est que devant la mort que tu connaîtras ce que valait cette faveur d'être au monde, faveur si longtemps méconnue de toi! »

Cela dit, et d'un ton qui n'admettait pas de réplique, Lao-Shen fit un geste. Kin-Fo, saisi avant d'avoir pu tenter de se défendre, fut garrotté, entraîné. Quelques minutes après, il était enfermé dans une sorte de cage, pouvant servir de chaise à porteurs, et hermétiquement close.

Soun, l'infortuné Soun, malgré ses cris, ses supplications, dut subir le même traitement.

« C'est la mort, se dit Kin-Fo. Eh bien, soit! Celui qui a méprisé la vie mérite de mourir! »

Cependant, sa mort, si elle lui paraissait inévitable, était moins proche qu'il ne le supposait. Mais à quel épouvantable supplice le réservait ce cruel Taï-ping, il ne pouvait l'imaginer.

Des heures se passèrent. Kin-Fo, dans cette cage, où on l'avait emprisonné, s'était senti enlevé, puis transporté sur un véhicule quelconque. Les cahots de la route, le bruit des chevaux, le fracas des armes de son escorte ne lui laissèrent aucun doute. On l'entraînait au loin. Où? Il eût vainement tenté de l'apprendre.

Sept à huit heures après son enlèvement, Kin-Fo sentit que la chaise s'arrêtait, qu'on soulevait à

« Tu as offensé Bouddha! » (Page 325.)

bras d'hommes la caisse dans laquelle il était enfermé, et bientôt un déplacement moins rude succéda aux secousses d'une route de terre.

« Suis-je donc sur un navire? » se dit-il.

Des mouvements très accusés de roulis et de tangage, un frémissement d'hélice le confirmèrent dans cette idée qu'il était sur un steamer.

« La mort dans les flots! pensa-t-il. Soit! Ils m'épargnent des tortures qui seraient pires! Merci, Lao-Shen! »

Cependant deux fois vingt-quatre heures s'écoulèrent encore. A deux reprises, chaque jour, un peu de nourriture était introduite dans sa cage par une petite trappe à coulisse, sans que le prisonnier pût voir quelle main la lui apportait, sans qu'aucune réponse fût faite à ses demandes.

Ah! Kin-Fo, avant de quitter cette existence que le ciel lui faisait si belle, avait cherché des émotions! Il n'avait pas voulu que son cœur cessât de battre, sans avoir au moins une fois palpité! Eh bien, ses vœux étaient satisfaits et au-delà de ce qu'il aurait pu souhaiter!

Cependant, s'il avait fait le sacrifice de sa vie, Kin-Fo aurait voulu mourir en pleine lumière. La pensée que cette cage serait d'un instant à l'autre précipitée dans les flots, lui était horrible. Mourir, sans avoir revu le jour une dernière fois, ni la pauvre Lé-ou, dont le souvenir l'emplissait tout entier, c'en était trop.

Enfin, après un laps de temps qu'il n'avait pu évaluer, il lui sembla que cette longue navigation venait de cesser tout à coup. Les trépidations de l'hélice cessèrent. Le navire qui portait sa prison s'arrêtait. Kin-Fo sentit que sa cage était de nouveau soulevée.

Pour cette fois, c'était bien le moment suprême, et le condamné n'avait plus qu'à demander pardon des erreurs de sa vie.

Quelques minutes s'écoulèrent, — des années, des siècles !

A son grand étonnement, Kin-Fo put constater d'abord que la cage reposait de nouveau sur un terrain solide.

Soudain, sa prison s'ouvrit. Des bras le saisirent, un large bandeau lui fut immédiatement appliqué sur les yeux, et il se sentit brusquement attiré au-dehors. Vigoureusement tenu, Kin-Fo dut faire quelques pas. Puis, ses gardiens l'obligèrent à s'arrêter.

« S'il s'agit de mourir enfin, s'écria-t-il, je vous demande pas de me laisser une vie dont je n'ai rien su faire, mais accordez-moi, du moins, de mourir au grand jour, en homme qui ne craint pas de regarder la mort !

— Soit ! dit une voix grave. Qu'il soit fait comme le condamné le désire ! »

Soudain, le bandeau qui lui couvrait les yeux fut arraché.

Kin-Fo jeta alors un regard avide autour de lui...

Était-il le jouet d'un rêve? Une table, somptueu-sement servie, était là, devant laquelle cinq convives, l'air souriant, paraissaient l'attendre pour commencer leur repas. Deux places non occupées semblaient demander deux derniers convives.

« Vous! vous! Mes amis, mes chers amis! Est-ce bien vous que je vois? » s'écria Kin-Fo avec un accent impossible à rendre.

Mais non! Il ne s'abusait pas. C'était Wang, le philosophe! C'étaient Yin-Pang, Houal, Pao-Shen, Tim, ses amis de Canton, ceux-là mêmes qu'il avait traités, deux mois auparavant, sur le bateau-fleurs de la rivière des Perles, ses compagnons de jeunesse, les témoins de ses adieux à la vie de garçon!

Kin-Fo ne pouvait en croire ses yeux. Il était chez lui, dans la salle à manger de son yamen de Shang-Haï!

« Si c'est toi! s'écria-t-il en s'adressant à Wang, si ce n'est pas ton ombre, parle-moi...

— C'est moi-même, ami, répondit le philosophe. Pardonneras-tu à ton vieux maître, la dernière et un peu rude leçon de philosophie qu'il ait dû te donner?

— Eh quoi! s'écria Kin-Fo. Ce serait toi, toi, Wang!

— C'est moi, répondit Wang, moi qui ne m'étais

chargé de la mission de t'arracher la vie que pour qu'un autre ne s'en chargeât pas! Moi, qui ai su, avant toi, que tu n'étais pas ruiné, et qu'un moment viendrait où tu ne voudrais plus mourir! Mon ancien compagnon, Lao-Shen, qui vient de faire sa soumission et sera désormais le plus ferme soutien de l'Empire, a bien voulu m'aider à te faire comprendre, en te mettant en présence de la mort, quel est le prix de la vie! Si, au milieu de terribles angoisses, je t'ai laissé et, qui pis est, si je t'ai fait courir, encore bien que mon cœur en saignât, presque au-delà de ce qu'il était humain de le faire, c'est que j'avais la certitude que c'était après le bonheur que tu courais, et que tu finirais par l'attraper en route! »

Kin-Fo était dans les bras de Wang, qui le pressait fortement sur sa poitrine.

« Mon pauvre Wang, disait Kin-Fo, très ému, si encore j'avais couru tout seul! Mais quel mal je t'ai donné! Combien il t'a fallu courir toi-même, et quel bain je t'ai forcé de prendre au pont de Palikao!

— Ah! celui-là, par exemple, répondit Wang en riant, il m'a fait bien peur pour mes cinquante-cinq ans et pour ma philosophie! J'avais très chaud et l'eau était très froide! Mais bah! Je m'en suis tiré! On ne court et on ne nage jamais si bien que pour les autres!

— Pour les autres! dit Kin-Fo d'un air grave.

Oui! c'est pour les autres qu'il faut savoir tout faire! Le secret du bonheur est là! »

Soun entrait alors, pâle comme un homme que le mal de mer vient de torturer pendant quarante-huit mortelles heures. Ainsi que son maître, l'infortuné valet avait dû refaire toute cette traversée de Fou-Ning à Shang-Haï, et dans quelles conditions! On en pouvait juger à sa mine!

Kin-Fo, après s'être arraché aux étreintes de Wang, serrait la main de ses amis.

« Décidément, j'aime mieux cela! dit-il. J'ai été un fou jusqu'ici!...

— Et tu peux redevenir un sage! répondit le philosophe.

— J'y tâcherai, dit Kin-Fo, et c'est commencer que de songer à mettre de l'ordre dans mes affaires. Il a couru de par le monde un petit papier qui a été pour moi la cause de trop de tribulations, pour qu'il me soit permis de le négliger. Qu'est décidément devenue cette lettre maudite que je t'avais remise, mon cher Wang? Est-elle vraiment sortie de tes mains? Je ne serais pas fâché de la revoir, car enfin, si elle allait se perdre encore! Lao-Shen, s'il en est encore détenteur, ne peut attacher aucune importance à ce chiffon de papier, et je trouverais fâcheux qu'il pût tomber entre des mains... peu délicates! »

Sur ce, tout le monde se mit à rire.

« Mes amis, dit Wang, Kin-Fo a décidément gagné à ses mésaventures d'être devenu un homme d'ordre ! Ce n'est plus notre indifférent d'autre-fois ! Il pense en homme rangé !

— Tout cela ne me rend pas ma lettre, reprit Kin-Fo, mon absurde lettre ! J'avoue sans honte que je ne serai tranquille que lorsque je l'aurai brûlée, et que j'en aurai vu les cendres disper-sées à tous les vents !

— Sérieusement, tu tiens donc à ta lettre ?... reprit Wang.

— Certes, répondit Kin-Fo. Aurais-tu la cruauté de vouloir la conserver comme une garantie contre un retour de folie de ma part ?

— Non.

— Eh bien ?

— Eh bien, mon cher élève, il n'y a à ton désir qu'un empêchement, et, malheureusement, il ne vient pas de moi. Ni Lao-Shen ni moi nous ne l'avons plus, ta lettre...

— Vous ne l'avez plus !

— Non.

— Vous l'avez détruite ?

— Non ! Hélas ! non !

— Vous auriez eu l'imprudence de la confier encore à d'autres mains ?

— Oui !

— A qui ? à qui ? dit vivement Kin-Fo, dont la patience était à bout. Oui ! A qui ?

— A quelqu'un qui a tenu à ne la rendre qu'à toi-même ! »

En ce moment, la charmante Lé-ou, qui, cachée derrière un paravent, n'avait rien perdu de cette scène, apparaissait, tenant la fameuse lettre du bout de ses doigts mignons, et l'agitant en signe de défi.

Kin-Fo lui ouvrit ses bras.

« Non pas ! Un peu de patience encore, s'il vous plaît ! lui dit l'aimable femme, en faisant mine de se retirer derrière le paravent. Les affaires avant tout, ô mon sage mari ! »

Et, lui mettant la lettre sous les yeux :

« Mon petit frère cadet reconnaît-il son œuvre ?

— Si je la reconnais ! s'écria Kin-Fo. Quel autre que moi aurait pu écrire cette sotte lettre !

— Eh bien, donc, avant tout, répondit Lé-ou, ainsi que vous en avez témoigné le très légitime désir, déchirez-la, brûlez-la, anéantissez-la, cette lettre imprudente ! Qu'il ne reste rien du Kin-Fo qui l'avait écrite !

— Soit, dit Kin-Fo en approchant d'une lumière le léger papier, mais, à présent, ô mon cher cœur ! permettez à votre mari d'embrasser tendrement sa femme et de la supplier de présider ce bienheureux repas. Je me sens en disposition d'y faire honneur !

— Et nous aussi ! s'écrièrent les cinq convives. Cela donne très faim d'être très contents ! »

La charmante Lé-ou apparaissait, tenant la
fameuse lettre. (Page 333.)

Quelques jours après, l'interdiction impériale étant levée, le mariage s'accomplissait.

Les deux époux s'aimaient! Ils devaient s'aimer toujours! Mille et dix mille félicités les attendaient dans la vie!

Il faut aller en Chine pour voir cela!

TABLE

CHAPITRE I

CHAPITRE II

CHAPITRE III

CHAPITRE IV

CHAPITRE V